Die heilende Pause

Klaus W. Vopel

die heilende Pause

Phantasiereisen und Imaginationen

Klaus W. Vopel: die heilende Pause.
Phantasiereisen und Imaginationen
ISBN 3-89403-335-5
1. Auflage 2005

Umschlag und Grafik:
Mathias Hütter, Schwäbisch Gmünd
Druck: Runge, Cloppenburg

**Bibliographische Information der
Deutschen Bibliothek**
Die Deutsche Bibliothek verzeichnet diese Publikation in der
Deutschen Nationalbibliographie;
detaillierte bibliographische Daten sind im Internet
über http://dnb.ddb.de abrufbar.

Inhalt

Einleitung

Wir leben in einer Leistungs- und Konkurrenzkultur mit steigenden intellektuellen Ansprüchen an den arbeitenden Teil der Bevölkerung. Es ist daher nicht verwunderlich, dass viele von uns vertraut sind mit den einschränkenden Auswirkungen des klinischen Angstsyndroms. Wir haben uns daran gewöhnt, für die milderen Ausprägungen der alltäglichen Angst Euphemismen zu benutzen: Wir sprechen von Anspannung, Sorgen, Stress, Selbstzweifeln, Pessimismus oder depressiver Verstimmung.

Angst und Depression hängen eng miteinander zusammen. Stimmungsstörungen mit depressiver Angst bilden eine Art wachsende neue diagnostische Kategorie. Viele suchen daher die Unterstützung von Therapie- und Selbsthilfegruppen, und noch mehr Menschen benutzen chemische Stimmungsaufheller wie Alkohol, Drogen oder Psychopharmaka, oder sie werden arbeitssüchtig, um ihre Angst durch ein verschärftes Tempo zu betäuben. Und auch diejenigen, die sich mit den zunehmenden Leistungsanforderungen arrangiert haben, berichten von zunehmenden Sorgen, größerem Stress und einer permanenten Sorge um die eigene Zukunft und um die Aussichten ihrer Kinder. Zu einem großen Teil wirkt sich die Lebensangst der Bevölkerung auch in der sich rasch verbreitenden Wellness-Bewegung aus. Die Sorge um die eigene Gesundheit verdeckt die zugrunde liegenden Ängste. Und das Gefühl von Unzufriedenheit und Unbehagen der Erwachsenen erfasst auch die Jüngeren. Die Zahl der Schulkinder mit Aufmerksamkeitsdefiziten wächst jedes Jahr, die Konzentrationsstörungen nehmen zu, genauso wie die Anwendung von Gewalt.

Maßnahmen gegen die Angst zu treffen, ist schwierig, weil Angst zu den gesellschaftlichen Tabus gehört. Wir haben gelernt, dass Erwachsene nicht ängstlich sein sollten. Deshalb schämen wir uns, Gefühle von Angst einzugestehen; davon sind besonders Männer betroffen. Angst wird als Angriff gegen unser Ideal von persönlicher Unabhängigkeit und persönlicher Effektivität betrachtet. Darum begegnen wir der Angst häufig in der konvertierten Form als Alkoholismus, Abhängigkeit, Arbeitssucht, emotionalem Rückzug, Gewalttätigkeit oder in somatisierter Form wie z. B. als hohem Blutdruck und Herzinfarkt. Für viele Frauen manifestiert sich Angst in Essstörungen, im Superfrau-Syndrom, in übertriebener Fürsorge für andere oder in somatisierter Form als Kopfschmerzen, Rückenschmerzen oder Migräne.

Es ist deshalb kein Wunder, dass Angststörungen oft nicht erkannt werden, weil die Helfer ebenfalls dazu neigen, die eigene Angst zu verleugnen. In letzter Zeit scheint es zum Glück so zu sein, dass die offene Diskussion von Ängsten leichter möglich wird und dass Angst als eine normale Emotion betrachtet wird, die uns verschiedene wichtige Botschaften übermitteln kann.

In diesem Buch haben wir eine Reihe von Phantasiereisen und Imaginationen zusammengestellt, die geeignet sind, milde Formen von Angst aufzulösen und emotionale Sicherheit und Schutz zu gewähren. Darüber hinaus dienen sie zur Angstprävention, indem sie den Teilnehmern einen optimistischen, positiven Fokus für ihr Alltagsbewusstsein ermöglichen.

1 Mein Refugium

Für Menschen, die etwas Schweres erlebt haben, die traumatisiert in eine Gruppe kommen, ist dies eine heilsame Phantasiereise. Aber auch für andere, die vom Leben enttäuscht sind und Angst vor Veränderungen empfinden, kann sie unterstützend wirken. Wer für eine Weile den Stress des Alltags auflösen möchte und Erfrischung und Optimismus wünscht, der kann später auch auf eigene Faust und in einer von ihm selbst adaptierten Form auf diese Übung zurückgreifen.

Anleitung

Lass dir einen Augenblick Zeit, um es dir so bequem wie möglich zu machen. Gestatte deinem Körper, eine sichere Lage zu finden, und deinen Augen, sich sanft zu schließen, wenn sie das Bedürfnis haben... Achte darauf, dass Kopf, Nacken und Wirbelsäule eine gerade Linie bilden...

Lass deine Hände irgendwo behaglich auf deinem Körper liegen, auf deiner Brust oder auf deinem Bauch, so dass du spüren kannst, dass dein Körper sich ausdehnt, wenn du einatmest, und danach wieder Platz macht für den kommenden Atemzyklus... Achte einfach darauf, wie es sich anfühlt, wenn dein Atem in deinen Körper hineinströmt und dann wieder hinaus... Und wenn du wieder einatmest, dann stell dir vor, dass du die warme Kraft deines Atems an alle Stellen in deinem Körper schickst, die vielleicht schmerzen oder angespannt sind... Und beim Ausatmen kannst du alle Anspannung aus dir hinausfließen lassen... Spüre wie dein Atem überall hingelangt, wie er deine Muskeln wärmt und weich und locker macht und alles Störende mit sich nach draußen nimmt...

Auf diese Weise wirst du dich immer sicherer und behaglicher fühlen, entspannt und locker. Wie deine Lunge, so ist auch dein Geist immer wieder einen Augenblick lang leer, ein freier und heller Raum, und du kannst das Glück dieser friedlichen Stille genießen. Und auch alle Gefühle, die vielleicht noch in dir sind, auch sie kannst du bemerken und aus deinem Körper hinausatmen, so dass du ruhig und still wirst wie ein See ohne Wellen...

Stell dir jetzt irgendeinen Ort vor, wo du Sicherheit empfinden kannst... Frieden und Entspannung... Das kann ein Ort sein, wo du vielleicht schon einmal gewesen bist oder den du ab und zu aufsuchst; oder ein Ort, an den du schon immer einmal kommen wolltest – am Meer... im Wald... in den Bergen... Alles ist möglich. Hier kannst du dich vollständig wohl fühlen... (1 Minute)

Und nun lass diesen Ort auf jede Weise Wirklichkeit werden... Schau dich um... Genieße die Farben... das Spiel von Licht und Schatten... die Landschaft... Sieh alle Einzelheiten, indem du nach links schaust und dann nach rechts...

Und spüre auch, worauf du sitzt oder liegst. Vielleicht lehnt dein Rücken an einem freundlichen alten Baum... vielleicht liegt er auf dem weichem Gras einer Wiese... vielleicht wanderst du durch einen Wald auf einem duftenden Teppich von würzigen Tannennadeln... vielleicht gehst du am Saum der Brandung entlang mit kühlem, feuchtem Sand unter deinen Zehen, während sanfte Wellen deine Knöchel umspielen... oder du sitzt auf einem glatten, warmen Felsen und lässt dich von der Sonne verwöhnen...

Und nun bemerke alles, was du hier hören kannst... den Gesang der Vögel... das Rauschen eines sanften Windes in den Blättern... oder das kräftige, rhythmische Brausen der Meereswellen... oder das beruhigende Gemurmel eines Wiesenbaches... Lass einfach deine Ohren all die wunderbaren Geräusche auffangen an diesem Platz, der dir Sicherheit und Ruhe schenkt...

Bemerke auch, welche schönen Düfte dich umgeben... vielleicht der würzige Duft des Ozeans mit einer Note von Tang und Salz... vielleicht der süße Duft von frischem Gras und Blüten... vielleicht der leicht bittere von Moos und Flechten... Manchmal ist der Duft so stark, dass du ihn beinahe zu schmecken meinst...

Und auch deine Haut wird hier verwöhnt... Bemerke, wie die Luft dein Gesicht liebkost... vielleicht ist sie frisch und trocken... vielleicht schwer und nass... Du kannst es dir so wünschen, wie es deiner Haut am besten gefällt... denn dieser Platz ist nur für dich bestimmt. Hier kannst du dich erholen und frische Kraft schöpfen. Lass die heilende Energie dieses Platzes in dich einsinken... dich ganz erfüllen... Lass sie in jeden Muskel, in jeden Knochen, in jede Zelle deines Körpers hineinströmen... ganz tief hinein in jedes Organ und in die äußersten Verzweigungen deiner Blutgefäße und Nervenbahnen...

Und mit jedem Atemzug atmest du die Schönheit dieses Ortes ein und saugst sie mit deinem ganzen Körper auf. Du atmest sie tief in dein Herz und überall dorthin, wo du Ruhe und Heilung brauchst... Und bei jedem Ausatmen bist du besser in der Lage, alles loszulassen, was du gern loslassen oder vergessen möchtest, alles, was dich belastet und was du nicht mehr brauchst...

Atme tief und leicht und nimm die friedliche Schönheit dieses Ortes in deinen Körper auf, wenn du einatmest... Lass sie durch deinen Organismus hindurchströmen, und atme aus, was du loslassen möchtest, kräftig und stetig... ein und aus... ruhig und leicht... (1 Minute)

Und nun kannst du noch einmal tief ausatmen und dich recken und strecken. Und du darfst wissen, dass dein Refugium in dir ist und dich überallhin begleitet. Du kannst es immer wieder aufsuchen, wenn dir danach ist... Und nun öffne in deinem eigenen Rhythmus die Augen und sei wieder hier, erfrischt und wach

2 Unser ältester Freund

Die folgende Imagination hilft den Teilnehmern zuverlässig, Ruhe zu finden und ein angenehmes Maß an emotionaler Stabilität. Das ist besonders wichtig für alle, die gerade in einer Krise stecken oder Schweres erlebt haben.

Eine wichtige Ressource, die wir alle haben, ist unser Körper. Leider missbrauchen wir ihn oft als Mittel zum Zweck, und wir übersehen, dass er unser bester und ältester Freund ist.

Viele Menschen in unseren Gruppen atmen nur flach. Oft drückt sich darin unbewusst die Ablehnung schmerzlicher Ereignisse oder schwieriger Lebensumstände aus. Diesen Menschen können wir Mut machen und sie anleiten, wieder mit Vergnügen zu atmen.

Anleitung

Mach es dir zunächst auf deinem Platz bequem. Schließe die Augen und versuche, so gerade wie möglich zu sitzen... Kopf, Nacken und Wirbelsäule in einer Linie... Wenn du so sitzt, wird es dir leichter fallen, tief und erfrischend zu atmen und deinen ganzen Körper zu spüren... Mit jedem Atemzug sorgst du für dein physisches Selbst. Du versorgst alle Teile deines Körpers mit Sauerstoff und erleichterst allen deinen Organen die Arbeit. Dein Blut kann ruhig strömen, dein Gehirn kann leichter in einen Zustand entspannter Wachheit kommen...

Nun geh bitte mit deiner Aufmerksamkeit nach innen und finde die Stellen in deinem Körper, die vielleicht schmerzen, die verspannt sind oder aus irgendeinem anderen Grunde deine Aufmerksamkeit wünschen... Bemerke auch die Stellen, wo du dich locker und offen fühlst... Du musst nichts anderes tun, als mit deiner Aufmerksamkeit im Körper herumzuwandern...

Fang nun an, etwas gründlicher vorzugehen... Beginne mit deinem Kopf und bemerke, wie sich dein Kopf fühlt... Atme frische Luft in deinen Kopf und lass beim Ausatmen alles aus deinem Kopf hinausfließen, was dir Unbehagen bereitet: Anspannung, Müdigkeit und Schmerzen... Bemerke, wie sich dein Kopf immer klarer und frischer fühlt...

Und nun geh mit deinem Bewusstsein zu Nacken und Schultern... Spüre, wie sich dein Körper dort fühlt... Vielleicht entdeckst du dort Anspannung oder Schwere... Auch hier kannst du frische

Energie in Muskulatur und Blutgefäße hineinatmen und beim Ausatmen alles Verbrauchte und Unangenehme aus dem Körper hinausfließen lassen...

Und nun wende dein Interesse deinen Armen zu... Bemerke, wie sie sich von innen anfühlen. Spüre deine Ellenbogen, die Handgelenke und die Hände selbst... Auch hierhin kann die heilende Kraft deines Atems frische Energie bringen und beim Hinausströmen Anspannung wegnehmen...

Und nun geh mit deiner Aufmerksamkeit in deine Brust und spüre auch hier, ob du Enge empfindest oder Unbehagen... Atme tief in deine Brust und lass los, wenn du ausatmest...

Lass dir einen Augenblick Zeit für dein Herz... Bemerke, wie sich dein Herz fühlt... Spüre auch, wie sich die Umgebung deines Herzens fühlt und welche Gefühle im Augenblick ganz tief in deinem Herzen wirken... Stell dir vor, dass du diesmal besonders liebevoll deinen Atem auf die Reise schickst und in dein Herz hineinatmest... Atme ganz sanft in dein Herz und gestatte deinem Atem, für dein Herz zu sorgen. Bemerke, dass deine liebevolle Aufmerksamkeit deinem Herzen gut tut... Und dann atme alles aus, was du gern loswerden möchtest – Unruhe, Unbehagen, Schmerzen und Müdigkeit...

Lass nun die Kraft deines Atems deinen Rücken massieren, vom Nacken bis in deine Hüften. Spüre deine Wirbelsäule, lass sie locker werden und atme Anspannung und Unbeweglichkeit aus... Dann atme tief in deinen Bauch, schick die Kraft deines Atems bis in dein inneres Zentrum und achte darauf, dass du vollständig ausatmest...

Geh weiter mit deiner Aufmerksamkeit in dein Becken und bemerke, wie die sanfte Kraft deines Atems dort für Lockerheit sorgt... Unbehagen kann beim Ausatmen hinausfließen, und die Muskulatur deiner inneren Organe kann sich entspannen und die Sicherheit dieser Situation genießen...

Schicke deinen Atem auch in deine Beine... deine Knie... in deine Unterschenkel und Fußgelenke bis in die Zehenspitzen... Schicke frische Kraft und Wärme in diesen Teil deines Körpers, der so viel zu tun hat, damit du beweglich und frei sein kannst...

Und während du deinen Körper ganz bewusst erlebst, kannst du ihn mit dem Gefühl der Dankbarkeit begrüßen... Hier ist dein ältester Freund, dein treuester Gefährte. Gestatte dir das Gefühl von

Zuneigung und Respekt, wie du es jedem treuen Freund entgegenbringen würdest... Du weißt, dass dein Körper es nicht leicht gehabt hat... und dass er sich erholen wird, während du gut für ihn sorgst...

Und schick deinen heilenden Atem weiter hinein in deinen Körper und spüre, wie zunehmend auch dein Geist den Atem begleitet... vielleicht wie ein sanfter Nebel, der in jedes Tal sinkt und die Blätter mit Tau benetzt...

Gestatte dir, einfach dieses Wunder zu genießen, wenn du tief atmest, bis in jeden Winkel deiner Existenz, und mit liebevoller Aufmerksamkeit feststellst, welche Stellen frische Kraft brauchen und welche Stellen bereits gut versorgt sind... Bemerke, wie gut es deinem Körper tut, so viel Beachtung zu finden...

Und während du weiter ein- und ausatmest, kannst du deinem Atem zuschauen, wie er für deinen Körper sorgt – für Wärme, für Frische, für Ruhe und Helligkeit... (1 Minute)

Und wenn du bereit bist, dann kannst du noch einmal tief ausatmen und dich etwas recken und strecken. Komm mit deiner Aufmerksamkeit wieder zurück in diesen Raum und öffne in deinem eigenen Rhythmus die Augen. Sei wieder hier, erfrischt und wach.

3 Eine Membran aus Gold

Hier machen wir die Teilnehmer mit einer sehr wirksamen, schützenden Metapher vertraut. Sie zeigt eine Möglichkeit, wie wir uns schützen können, ohne unsere Verletzlichkeit zu verleugnen, denn unsere Verletzlichkeit ist zugleich die Quelle von Mitgefühl und Liebe. Die hier verwendete Symbolik gewinnt an Kraft, wenn wir jeden Tag mit dieser Übung beginnen. Die Metapher der Membran betont, dass es hier nicht nur um Selbstverteidigung geht. Je mehr positive Energie wir durch die Membran in die Welt schicken, desto positiver ist das soziale Echo, das wir bekommen.

Anleitung

Mit dieser kurzen Phantasie kannst du jeden Tag beginnen, damit du eine gute Balance findest. Sie hilft dir, deine Verletzlichkeit nicht durch Aggression zu schützen, sie macht es dir leichter, der Welt freundlich zu begegnen.

Stell dich bitte ganz entspannt hin, mit geradem Rücken und lass die Arme locker herabhängen. Und nun schließ sanft deine Augen und spüre das Gewicht deines Körpers in deinen Füßen. Sorge dafür, dass du einen festen Stand auf der Erde findest...

Jetzt atme ein paar Mal gründlich und sanft tief in deinen Bauch hinein... (30 Sekunden)

Stell dir vor, dass beim Einatmen goldenes Licht in deinen Bauch strömt, bis er ganz mit Licht gefüllt ist... Dann lass das Licht sich in deinem Körper verteilen... Während du sanft weiteratmest, strömt das Licht hoch in deinen Kopf und Nacken, in deine Brust und in deinen Rücken, hinab in Beine und Füße... (30 Sekunden)

Und lass dir einen Moment Zeit, um dieses goldene Licht in deinem Körper zu spüren. Vielleicht spürst du, wie es dich von innen erwärmt, wie es deine Muskeln locker macht, wie es deinen Kreislauf erfrischt... Vielleicht bemerkst du auch hier und da ein Kribbeln oder ein leichtes Zucken, das dir anzeigt, wie viel Energie dir jetzt zur Verfügung steht.

Stell dir nun vor, dass das goldene Licht auch nach außen strahlt, sich ausdehnt und deinen ganzen Körper mit feinen goldenen Strahlen umgibt... bis du von einer Hülle aus goldenem Licht umgeben bist... Und während diese Hülle um dich herum wächst, spürst du, wie Kraft und Lebendigkeit in dir zunehmen... (1 Minute)

Jetzt bist du von Kopf bis Fuß von einer eiförmigen Hülle aus goldenem Licht umgeben. Du selbst kannst sie spüren, für alle anderen ist diese Energiehülle unsichtbar.

Du selbst bist eine lebendige Energiequelle, die positive Energie durch diese durchlässige Hülle nach außen in die Welt schicken kann, aber im Inneren bist du sicher: die Membran schützt dich vor negativer Energie, die von außen auf dich zukommt. Du kannst die Wirksamkeit dieser goldenen Membran noch verstärken, indem du Freundlichkeit, Mitgefühl und Dankbarkeit praktizierst...

Und nun spüre noch einmal die goldene Aura, die dich umgibt. Dann lass dieses Symbol in deinem Bewusstsein verblassen, in deinem Herzen wird das Bild lebendig bleiben und dich schützen.

Nun komm mit deiner Aufmerksamkeit wieder hierher zurück, reck und streck dich ein wenig und atme einmal tief aus. Öffne in deinem eigenen Rhythmus die Augen und sei wieder hier, erfrischt und wach.

4 Der Baum des Lebens

Mit Hilfe dieser Imagination können wir unsere Lebenskraft steigern, indem wir uns mit der Energie des Universums verbinden. Wir sind danach frischer, neugieriger, optimistischer und bereit, Risiken einzugehen.

Anleitung

Bitte stell dich aufrecht hin und lockere dich, indem du deinen ganzen Körper ausschüttelst – Schultern und Arme, Beine und Knie, Hüften und Kopf. Schüttle alle Müdigkeit und Anspannung aus deinem Organismus und lass deinen Körper dabei langsam wärmer werden... (1 Minute)

Und nun steh still und bequem, die Beine leicht gespreizt, die Arme herabhängend, Kopf, Nacken und Wirbelsäule in einer geraden Linie...

Schließ deine Augen und gestatte dir, tief und gründlich zu atmen...

Konzentriere nun deine Aufmerksamkeit auf eine kleine Kugel aus Licht, gleich hinter deinen Augen, im Inneren deines Schädels. Lass diese leuchtende Kugel dann langsam in deinen Körper hinabsinken – durch die Kehle... durch dein Herz... durch dein Sonnengeflecht... durch dein Becken... dann lass die Kugel sich teilen; die beiden Kugeln sinken nun durch deine Beine und Füße in den Boden unter dir... in die Wurzeln eines gewaltigen Baumes, die sich verzweigen, auf der Suche nach Nahrung und Wasser, immer tiefer hinab... durch die Fundamente dieses Hauses... tief hinein in Erde und Fels unter uns... Geh mit deinem Bewusstsein weiter hinab, vorbei an den Spuren der Menschen, die vor uns hier gelebt haben... durch das Grundwasser hindurch... Bemerke, wie der felsige Boden wärmer wird, und spüre unter dir die pulsierende Kraft der Erde... Bemerke die Energie, die seit der Geburt unseres Universums hier gespeichert ist... Schenk dir einen Augenblick Ruhe und bemerke, dass du dieser kosmischen Energie dein eigenes Leben verdankst und dass du berechtigt bist, immer wieder daran teilzuhaben... Und während du einmal tief einatmest, kannst du mit deiner Aufmerksamkeit zurückkehren durch die vielen Schichten der Erde und so viel von der unterirdischen Energie mitbringen, wie du möchtest... Und mit jedem Atemzug kannst du sie in dir aufsteigen lassen, sie in deine Füße und Beine strömen lassen, in deinen Bauch und deine Brust, durch dein Herz und durch deine Kehle, bis in deinen Kopf... Fülle auch Arme und Hände mit dieser warmen Energie und bemerke, wie sie in deinem ganzen Körper pulsiert, in sanften Wellen und vielleicht mit einem wunderbaren, vibrierenden Summen... Und oben lass die Energie hinausströmen, an der Stelle, wo dein Kopf offen war bei deiner Geburt, lass sie in die großen Äste eines Baumes aufsteigen, die sich der Sonne und dem Mond entgegenstrecken... immer weiter hinauf, so dass dein Körper eine lebendige Brücke wird zwischen Himmel und Erde...

Und nun lässt der Himmel seine Energie auf dich regnen; es fühlt sich an wie ein warmer Sommerregen, und die Kräfte von Himmel und Erde vermischen sich in dir... Dieser unerschöpfliche Vorrat wird dir immer zur Verfügung stehen, wenn du frische Kraft brauchst. Und du wirst mit der Zeit deine eigenen Methoden entwickeln, wie du die Kraft der Erde und die Stärke des Himmels in deinen Organismus hineinfließen lassen kannst... Während du diese neue Energie in dir spürst, kannst du dich bereit erklären, diesen Schatz nicht nur zu deinem eigenen Wohl zu benutzen...

Wenn du genug Energie aufgenommen hast, dann knie einen Augenblick nieder, berühre den Boden mit einer Geste der Dankbarkeit und lass alle überschüssige Energie in die Erde zurückfließen. Behalte nur so viel, wie du brauchst...

Wenn du bereit bist, kannst du dich langsam wieder hinstellen und bemerken, dass du sicher auf der Erde stehst... Atme einmal tief aus und öffne in deinem eigenen Rhythmus die Augen... Sei mit deinem Bewusstsein wieder hier in diesem Raum, erfrischt und wach.

5 Herzschlag des Lebens

Hier lenken wir die Aufmerksamkeit der Teilnehmer auf ihr eigenes, pulsierendes Herz. Das kann neue Sicherheit geben und neue Kraft. Wenn unser Bewusstsein das Herz erreicht, dann fühlen wir uns präsent und sicher. Außerdem wird unsere Bereitschaft geweckt, die eigene Verletzlichkeit und Liebesfähigkeit zu spüren und auszudrücken.

Anleitung

Mach es dir auf deinem Stuhl bequem und rück ein wenig hin und her, bis du ganz bequem und sicher sitzt. Achte darauf, dass dein Rücken gerade ist... Und mit jedem vollen, erfrischenden Atemzug kannst du dich angenehm entspannen... Atme tief ein und lass deinen Bauch weiter werden, wenn du einatmest, und wieder flacher, wenn du ausatmest... ganz sanft und stetig... Und wenn du bereit bist, dann schließ bitte deine Augen, damit deine ungeteilte Aufmerksamkeit deinem gesamten Organismus zugute kommen kann...

Und beim nächsten Einatmen kannst du die warme Kraft deines Atems zu allen Stellen in deinem Körper schicken, die jetzt vielleicht müde, angestrengt oder schmerzhaft sind... Du spürst, wie die Wärme Lockerheit schafft und Unbehagen auflöst... Lass beim Ausatmen alles Unangenehme aus dir hinausfließen, alles Verbrauchte und Überflüssige, so dass du dich immer besser und leichter fühlen kannst, im Vertrauen auf die heilsame Arbeit deines Atems...

Bemerke auch, wenn irgendwelche Ablenkungen in deinem Geist auftauchen... Auch diese kannst du ausatmen, so dass dein Geist für kurze Augenblicke still und leer wird, klar und ruhig wie ein See ohne Wellen... Diese Ruhe ist ein ausgezeichnetes Heilmittel für deinen ganzen Organismus, der diese Pause benutzen kann, um sich in eine neue Balance zu bringen.

Konzentriere deine Aufmerksamkeit nun auf dein Herz... Sei neugierig, wie sich dein Herz anfühlt und alles, was in seiner Nähe ist... Vielleicht möchtest du eine Hand auf dein Herz legen, damit du deine Aufmerksamkeit leichter dorthin lenken kannst...

Und jetzt gelingt es dir vielleicht, den Rhythmus deines Herzens zu spüren und zu beobachten, wie es Leben und Kraft in deinen ganzen Körper bringt – ohne Pause, Tag und Nacht...

Und du kannst deinem Herzen zeigen, dass du seine pausenlose Arbeit schätzt und anerkennst, indem du dir vorstellst, dass du durch dein Herz atmest... So als ob die Luft tatsächlich durch dein Herz herein- und hinausströmt – sanft und warm und in einem beständigen Rhythmus...

Und während du deinem Herzen freundliche Aufmerksamkeit schenkst, kannst du spüren, wie in deinem Herzen und um das Herz herum eine sanfte Wärme entsteht, die dem Herzen gut tut und es kräftig macht, während du ein- und ausatmest, mitten durch dein Herz... (1 Minute)

Bemerke den stetigen Rhythmus deines Herzens, und vielleicht hat sich dein Atem mit deinem Herzschlag verbündet, so dass dein ganzer Körper dem Rhythmus deines Herzens folgt, und sogar die Luft um dich herum gemeinsam mit deinem Herzschlag pulsiert... Lass deinen ganzen Körper diesen kräftigen Rhythmus ausstrahlen und ein Energiefeld um dich herum aufbauen, wie eine sich ausdehnende Wolke aus pulsierendem, tanzendem Licht, die du auf deiner Haut spüren kannst... Und vielleicht bemerkst du auch ein leichtes Vibrieren in deinen Muskeln und in deiner Wirbelsäule – ein Zeichen für die Zunahme deiner Lebenskraft...

Vielleicht möchtest du noch einen Schritt weitergehen und einfach empfinden, dass dein wacher Geist für eine Weile Platz nimmt in deinem Herzen und diese Geborgenheit genießt, weil er jetzt weiß, dass er sich der Obhut des Herzens anvertrauen kann, während du friedlich und leicht durch dein Herz atmest... solange du das möchtest... (1 Minute)

Und du kannst jederzeit hierher zurückkehren, indem du einfach die Augen schließt, deine Hand auf das Herz legst und beginnst, durch dein Herz zu atmen, und dann spürst, wie du dich von diesem Rhythmus tragen lässt – stark und friedlich und stetig... Und jedes Mal, wenn du dir die Zeit nimmst, dein Herz zu besuchen, kannst du jene Fragen mitbringen, für die das Herz die besten Antworten hat. Diese Möglichkeit kann dir Hoffnung geben, die über den heutigen Tag hinausreicht...

Danke deinem Herzen, dass es für dich schlägt... Nimm jetzt die Hand von deinem Herzen und reck und streck dich ein wenig. Bewahre alles, was du nicht vergessen willst, in deinem Gedächtnis auf und atme einmal tief aus. Dann öffne in deinem eigenen Rhythmus die Augen und sei wieder hier, erfrischt und wach.

6 Heliotherapie

Diese kurze Übung können wir benutzen, wenn wir uns müde und erschöpft fühlen oder wenn wir eine Situation erleben, die uns stark herausfordert. Sie hilft auch, wenn wir das Gefühl für die eigene Stärke verloren haben und frische Energie brauchen, um unsere Aufgaben und Probleme anzugehen.

Anleitung

Stell dich locker hin, die Füße ein wenig auseinander, so dass du einen sicheren Stand hast. Wähle deine Position im Raum so, dass das Licht auf dein Gesicht fällt...

Nun schließ die Augen. Achte darauf, dass deine Knie nicht vollständig durchgedrückt sind, damit hier keine Blockade entsteht. Kopf, Nacken und Wirbelsäule sollen eine gerade Linie bilden... Lass die Schultern entspannt herabhängen, mache deine Kiefer locker und entspanne auch dein Gesicht. Du kannst das am besten tun, indem du dich zu einem leichten Lächeln entschließt... Spüre, wie deine Füße das Gewicht des Körpers an den Boden weitergeben, und achte darauf, dass du ruhig und tief atmest...

Nun stell dir vor, dass die Sonne auf dich scheint. Du kannst wählen, wie hoch die Sonne stehen soll. Du kannst auch die Intensität ihrer Strahlung bestimmen...

Stell dir vor, dass die Strahlen der Sonne deinen ganzen Körper mit Wärme und Vitalität füllen – jede Pore deiner Haut und auch deine Muskeln und die inneren Organe, deine Knochen, deinen Blutkreislauf bis in die feinsten Verzweigungen... (2 Minuten)

Lass nun das Bild der Sonne los und konzentriere dich auf deinen Körper, der nun vollständig mit Sonnenlicht gefüllt ist. Spüre die Wärme der Sonne in deinem Inneren: zunächst in deinem Bauch... dann in deinem gesamten Rumpf... in Armen und Beinen... bis in die Spitzen von Fingern und Zehen... in deinem Kopf... und wenn du willst, auch in deinem Geist... Bemerke, wie sich das anfühlt und gönne dir diese Wahrnehmung für eine Weile... (1 Minute)

Ein großer Vorrat an Sonnenlicht ist in dir. Du hast so viel davon, dass du jetzt das Sonnenlicht aus deinem Körper in deine Umgebung strahlen lassen kannst... Vielleicht stellst du dir vor, dass du diesen Raum hell erleuchtest, oder du möchtest die Energie des Lichtes auf eine Aufgabe lenken oder zu einem bestimmten Menschen, zu jemandem, den du liebst oder zu jemandem, der dir auf die Nerven geht oder der dir Schwierigkeiten bereitet hat...

Es ist nicht nötig, dass du dich anstrengst... Lass es einfach zu, dass dein Licht aus dir hinausstrahlt... (1 Minute)

Und nun hast du empfangen und gegeben, und du kannst das gute Gefühl von diesem Rhythmus mitnehmen, wenn du mit deiner Aufmerksamkeit hierher zurückkehrst. Reck und streck dich ein wenig und atme einmal tief aus. Öffne in deinem Rhythmus die Augen und sei wieder hier, erfrischt und wach.

7 Der Phönix

Im Sonnenkult der alten Ägypter wurde auch der Phönix verehrt. Er war das Symbol für Übergänge und Transformationen. Wenn dieser Vogel starb, wurde er von Flammen verzehrt, aus denen dann wunderbarerweise seine Wiedergeburt erfolgte.

In dieser Phantasie benutzen wir das Bild des Feuers. Die Teilnehmer können sich auf jene Dinge im Leben konzentrieren, deren Zeit abgelaufen ist, die sie loslassen wollen; und sie können erleben, dass aus dem Feuer etwas Neues aufsteigt – wie der Phönix –, was sie in ihrem Leben jetzt brauchen. Manchmal wird das etwas Überraschendes sein, manchmal etwas, dessen Geburt bereits erahnt wurde.

Dieser symbolische Prozess ist wichtig. Er sorgt nicht nur für emotionale Lebendigkeit, sondern er entlastet auch die Psyche. Wenn wir nicht bereit sind, Überholtes aufzugeben, dann drohen uns Überlastung und Burn-out. Eine solche Entwicklung kündigt sich an durch Erschöpfung, durch Angst und durch das Gefühl, zu wenig Zeit zu haben.

Anleitung

Setz dich bequem hin und schließ die Augen. Rück ein bisschen hin und her, bis du das Gefühl hast, dass dein Körper eine gute Haltung gefunden hat, Kopf, Nacken und Wirbelsäule in einer geraden Linie...

Und hol einmal tief und gründlich Luft... so tief du kannst... lass die Luft tief in deinen Bauch hineinströmen... und atme dann vollständig aus...

Und noch einmal... einatmen... Schicke diesmal die warme Kraft deines Atems zu all jenen Teilen deines Körpers, die sich angespannt oder eng oder unbehaglich fühlen... Und beim Ausatmen lass die Spannung aus dir hinausfließen...

Wenn du gleichmäßig weiter ein- und ausatmest, wirst du dich immer sicherer und behaglicher fühlen, entspannt und locker... Alle störenden Gedanken oder Gefühle kannst du bemerken und ganz freundlich mit deinem Atem wegfließen lassen, so dass du jedes Mal zwischen Ein- und Ausatmen für einen kurzen Augenblick ganz ruhig und still sein kannst wie ein See ohne Wellen...

Stell dir nun ein Feuer vor, ein Lagerfeuer, ein Feuer zu deinem

Geburtstag oder ein Herbstfeuer, mit dem die Ernte gefeiert wird. Sieh die Flammen und die Glut. Spüre die Wärme des Feuers und seine Kraft... (1 Minute)

Denke nun an drei Dinge in deinem Leben, die du nicht mehr brauchst. Das können Eigenschaften sein, Überzeugungen, private oder berufliche Aktivitäten oder auch Beziehungen. Wähle drei Dinge aus, die dir als Erstes in den Sinn kommen... (1 Minute)

Stelle dich darauf ein, diese Dinge gleich dem heiligen Feuer zu übergeben. Achte bitte darauf, dabei keine aggressive Haltung einzunehmen. Statte dem, was du verbrennen willst, zunächst Dank ab, ehe du es ins Feuer gibst. Lass es los mit einem freundlichen Adieu und vertraue darauf, dass aus dem Alten etwas Neues entstehen wird. Bemerke auch, wie du dich dabei fühlst. Schau zu, wie eines nach dem anderen vom Feuer verzehrt wird... (2 Minute)

Vertraue darauf, dass im Herzen des Feuers aus dem Alten etwas Neues entsteht, etwas, was du jetzt in deinem Leben wirklich brauchst. Wenn du losgelassen hast, ist neuer Raum in deinem Leben geschaffen. Und das, was du brauchst, darf sich nun wie ein Phönix aus den Flammen erheben. Was ist das Geschenk des Feuers für dich?... Nimm es behutsam entgegen, damit du dich nicht verbrennst...

Betrachte das Neue aufmerksam und mit Respekt. Bemerke deine Empfindungen und stell dir vor, wie sich dein Leben mit dem Neuen verändert... (1 Minute)

Und nun wird es Zeit, dass du mit deiner Aufmerksamkeit hierher zurückkommst. Vielleicht möchtest du dich kurz bei dem Feuer bedanken und alles, was du nicht vergessen willst, in deinem Gedächtnis verankern. Reck und streck dich ein wenig und atme einmal tief aus. Öffne in deinem eigenen Rhythmus die Augen und sei wieder hier, erfrischt und wach.

8 Schwarz wie die Nacht

Zu Unrecht benutzen wir Schwarz meist als Symbol für Negatives: Wir stellen Schwarzbücher zusammen, wir führen schwarze Kassen, und wenn wir wenig Hoffnung haben, sehen wir schwarz.

Erfahrene Meditationslehrer benutzen dagegen Schwarz oft als positives Symbol. Sie sehen darin eine wirkungsmächtige Farbe, die uns helfen kann, wieder ins Gleichgewicht zu kommen und uns zu entspannen. Und Schwarz ist die Farbe des Universums, des unermesslichen leeren Raums.

Für diese kurze Imagination müssen Sie den Raum so weit wie möglich verdunkeln, am besten ist ein vollständig «schwarzer» Raum.

Anleitung

Setz dich so bequem wie möglich hin, indem du dein Gewicht so verteilst, dass dein Körper gut gehalten wird durch den Stuhl oder den Boden oder durch alles, was dich unterstützt. Kopf, Nacken und Wirbelsäule sollen eine gerade Linie bilden. Und wenn du bereit bist, schließ bitte jetzt die Augen...

Schenk dir nun einen tiefen, erfrischenden Atemzug; atme so vollständig ein wie du nur kannst... Atme tief in deinen Bauch... und dann atme ganz gründlich wieder aus...

In der folgenden Imagination kannst du ein seltenes Experiment machen. Du weißt, dass in vielen Phantasiereisen die Vorstellung von weißem oder goldenem Licht benutzt wird. Aber es gibt eine Farbe, die wir meist übergehen, und das ist die Farbe Schwarz. Zu Unrecht, denn Schwarz kann uns beruhigen, kann uns tiefen Schlaf schenken und sogar heilen. Wie medizinische Kohle kann Schwarz Toxisches aufsaugen.

Stell dir nun vor, dass du Schwärze in dich aufnimmst, dass du sie einatmest und durch jede Pore deiner Haut in dich einsinken lässt. Begrüße die Schwärze als freundliche Kraft, die alles, was unverträglich oder giftig ist, in sich aufnehmen kann, um es aus deinem Leben, aus deinen Gedanken und Gefühlen zu entfernen...

Du musst jetzt nichts Besonderes unternehmen. Sitze einfach in dieser äußeren und inneren Schwärze und überlasse es der Dunkelheit, dass sie ihre Arbeit für dich tut. Ab und zu kannst du daran denken, wie oft du dazu neigst, das helle Licht des Wissens und des

Erklärens zu benutzen. Mach dir bitte klar, dass wir alle mit unserem faustischen Drang zum Wissen auch jene Geheimnisse aus unserem Leben vertreiben, die das Leben aufregend und schön machen. Wir brauchen aber, um glücklich zu sein, auch die Dunkelheit des Nicht-Erklärbaren. Vielleicht möchtest du diese Zeit benutzen, um über all das zu staunen, was niemand von uns verstehen kann... (2 Minuten)

Komm nun mit deiner Aufmerksamkeit langsam hierher zurück. Bemerke, wie du den Übergang von der Dunkelheit ins Licht erlebst. Bewahre alles, was du nicht vergessen möchtest, in deinem Gedächtnis auf und reck und streck dich ein wenig. Atme einmal tief aus. Und während ich wieder für Licht sorge, kannst du in deinem eigenen Rhythmus die Augen öffnen und wieder hier sein, erfrischt und wach.

9 Fundamente

Diese Imagination lässt die Teilnehmer jene Sicherheit finden, die sie nur von ihrem Körper geschenkt bekommen können. Wir wenden uns dabei den meist ignorierten Fundamenten zu, auf denen sich der Tempel unseres Körpers erhebt.

Wenn Sie genügend Zeit haben, dann müssen Sie nicht bei den Füßen stehen bleiben, sondern Sie können den gesamten Körper einschließen: Beine, Genitalien, Becken, Rumpf und Rücken, Arme, Nacken und Kopf.

Diese Übung kann auch schmerzliche Empfindungen und Erinnerungen aus dem Leben des Körpers wachrufen. Aber gleichzeitig erhält jeder einen Schatz an Informationen, die Vitalität und Lebenslust fördern können.

Anleitung

Bitte setz dich bequem hin und schließ die Augen. Gib deinem Körper die Erlaubnis, sich zu entspannen, und richte zunächst deine Aufmerksamkeit auf deinen Atem. Bemerke einfach, wie du atmest... Vielleicht stellst du fest, dass deine Art zu atmen sich ganz von selbst etwas ändert, ohne dass du dich dabei anstrengen musst... Bitte achte darauf, dass Arme und Beine nicht gekreuzt sind...

Lass deine Aufmerksamkeit nun zu deinen Füßen gehen. Welche Erinnerungen warten dort auf dich? Mussten deine Füße unter Unfällen leiden? Erinnern sie sich an Schmerzen?... Erinnern sich deine Füße auch an Genuss und Vergnügen?... Was sagen deine Füße über deine Art, durchs Leben zu gehen?...

Kannst du dich an Zeiten erinnern, wo du stolz auf deine Füße warst?... Kannst du dich erinnern, dass du dich irgendwann wegen deiner Füße geschämt hast?...

Jetzt erinnere dich daran, wie deine Füße in deinem Leben berührt wurden... von dir selbst... von anderen...

Nun frage dich, was deine Füße im Alltag für dich tun. Auf welche Weise dienen sie dir?...

Denke darüber nach, wie du sie behandelst. Was tust du für sie?... Auf welche Weise könntest du besser für deine Füße sorgen?...

Mach dir nun auch klar, welche Bedürfnisse deine Füße haben... Wie könntest du ihnen ihre Bedürfnisse erfüllen, oder dafür sorgen, dass diese Bedürfnisse befriedigt werden?...

Und nun hast du etwas Zeit, um mit deinen Füßen zu sprechen. Sag ihnen, was zu sagen ist, und höre, was sie dir selber mitteilen möchten...

Vielleicht möchtest du deinen Füßen danken und ihnen versprechen, ihnen mehr Respekt entgegenzubringen, weil sie das Fundament sind für deinen Körper und für dein Leben.

Und nun kehre mit deiner Aufmerksamkeit hierher zurück. Alles, was du nicht vergessen möchtest, kannst du in deinem Gedächtnis verankern. Reck und streck dich ein wenig und atme einmal tief aus. Öffne in deinem eigenen Rhythmus die Augen und sei wieder hier, erfrischt und wach.

10 Die Flamme

In dieser einfachen Imagination benutzen wir das Bild der Flamme als schützendes Symbol für den Alltag. Es verstärkt eine aktive, freundliche Haltung.

Anleitung

Bitte stell dich ganz gerade hin und schließ die Augen. Stell die Füße so weit auseinander, dass du sicher stehst und lass die Arme entspannt an den Seiten herabhängen. Kopf, Nacken und Wirbelsäule sollen eine gerade Linie bilden... Nun fang an, ruhig und tief zu atmen...

Stell dir vor, dass du eine lebendige, brennende Flamme bist. Die Basis der Flamme ist tief in der Erde, und dein Körper ist der Docht, auf dem die Flamme herumtanzt... Du brennst hell und kräftig... In deiner Hitze verbrennen missgünstige, lieblose oder aggressive Absichten anderer, die nicht in der Lage sind, deine Grenzen und deine Verletzlichkeit zu respektieren.

Benutze deine Phantasie, um die Größe der Flamme, ihre Farben und Bewegungen zu regulieren. Wenn du willst, kannst du auch mit der Temperatur der Flamme experimentieren...

Und deine Flamme hat noch eine weitere Aufgabe: Sie hat genügend Kraft, um etwas Positives in der Welt zu bewirken. Ihre Wärme und ihr Licht kann dich animieren, in den anderen mehr zu sehen, als ihr ungeschicktes oder oft selbstsüchtiges Verhalten. Sie kann dir helfen, die Verletzlichkeit anderer zu sehen, und ihren Wunsch, mehr Freude und Glück in ihr Leben zu bringen. Sie kann deine Bereitschaft stärken, häufiger herzlich zu lächeln, und mit deinen Bewegungen und dem Klang deiner Stimme Freundlichkeit auszudrücken...

Und jetzt stell dir vor, wie du, eingehüllt in deine unsichtbare Flamme, im Alltag anderen auf eine neue Weise begegnest. Spüre in deinem Körper diese neue und positive Energie... (2 Minuten)

Komm mit deiner Aufmerksamkeit nun hierher zurück. Bewahre das Bild der Flamme in deinem Gedächtnis auf.

Reck und streck dich ein wenig und atme einmal tief aus. Öffne in deinem eigenen Rhythmus die Augen und sei wieder hier, erfrischt und wach.

11 Die Sonne

Innere Ruhe und eine tiefe seelische Erfrischung verbinden sich mit dieser besonders schönen Naturphantasie.

Anleitung

Mach es dir auf deinem Platz bequem. Gib deinem Körper die Erlaubnis, sich zu entspannen, und richte zunächst deine Aufmerksamkeit auf deinen Atem. Bemerke einfach, wie du atmest... Vielleicht stellst du fest, dass deine Art zu atmen sich ganz von selbst etwas ändert, ohne dass du dich dabei anstrengen musst... Spüre, wie sich deine Augenlider schließen...

Stell dir vor, dass du an einem frühen Morgen vor Sonnenaufgang einen langen Sandstrand entlanggehst. Das Wasser ist still und beinahe bewegungslos, während die letzten hellen Sterne langsam verblassen...

Spüre die Reinheit und Frische der Luft... Atme sie tief ein, während du auf das Wasser schaust, auf die Sterne und den dunklen Himmel. Lass dir Zeit, das Schweigen zu spüren, dass dem Sonnenaufgang vorausgeht. Spüre die Stille mit deinem ganzen Körper... Fühle, dass diese frühe Zeit gefüllt ist mit unendlichen Möglichkeiten...

Die Dunkelheit beginnt zu schmelzen und eine Andeutung von Farbe wird über dem Horizont sichtbar... Du bleibst stehen, um den Sonnenaufgang zu betrachten. Ein roter Schimmer leuchtet in der Ferne auf, dann ergießt sich goldenes Licht über den Horizont. Die ersten Strahlen der Sonne finden ihren Weg zu dir und füllen dich mit einer freudigen Erwartung und mit dem Staunen, das mit jeder Geburt verbunden ist...

Langsam steigt die Sonne über dem Horizont auf, und goldenes Sonnenlicht kommt über das Wasser direkt auf dich zu. Es füllt dein Herz und deine ganze Existenz mit Freude. Ein neuer Tag in deinem Leben hat begonnen...

Und während du zuschaust, wie die Sonne über dem Horizont weiter aufsteigt, bemerkst du in dir Gefühle, die nicht alltäglich sind...

Die Temperatur des Wassers ist angenehm, und du hast den Wunsch, ins Meer zu gehen. Langsam gehst du tiefer und tiefer hinein und schwimmst dann, eingehüllt in das erfrischende Nass und in die goldene Wärme der Sonne... In diesem Augenblick hast du keine weiteren Wünsche. Du spürst Wasser und Licht und lässt zu, dass dein ganzer Körper sich wie neugeboren fühlt... Ohne Anstrengung gleitest du durch das Meer. Du fühlst dich in deiner Heimat angekommen, aus der das Leben einst gekommen ist...

Während du weiter auf die Sonne zu schwimmst, wird das Licht um dich immer heller, so dass du das Wasser vergisst. Du fühlst dich ganz und gar durchdrungen von dem wunderbaren, goldenen Licht. Ein Gefühl der Freude überkommt dich, während du in der Lebenskraft der Sonne badest. Und während du weiterschwimmst, wird auch dein Geist erleuchtet; du weißt etwas, das mit Worten nicht zu fassen ist... (1 Minute)

Und dann entschließt du dich, zurückzuschwimmen und dich am Strand von Sonne und Wind trocknen zu lassen... Gründlich erfrischt, kannst du nun mit deiner Aufmerksamkeit hierher zurückkehren. Reck und streck dich ein wenig und bewahre alles in deinem Gedächtnis auf, was du behalten möchtest. Atme jetzt einmal tief aus und öffne in deinem eigenen Rhythmus die Augen. Sei wieder hier, erfrischt und wach.

12 Schweigen

Diese klassische Phantasiereise hilft uns durch die verwendete Symbolsprache, unserem Körper, unseren Gefühlen und unserem Geist Ruhe zu schenken. Gleichzeitig empfinden wir, dass uns neue Kraft geschenkt wird durch das Schweigen, durch das Licht der Sonne. Das Sonnenlicht dient als Metapher, die uns mit der Natur und mit dem Kosmos verbindet. In diesem Rahmen können wir eine neue Geborgenheit erleben: Wir existieren in einer Welt, die es gut mit uns meint.

Anleitung

Setz dich bequem hin und gestatte deinen Augen sich zu schließen. Und nun achte bitte auf deinen Atem... Vielleicht ist dir an diesem Tag noch deutlicher bewusst als sonst, dass der Atem deine Brücke zum Leben ist. Darum gib deinem Körper die Erlaubnis, sich zu öffnen und zu entspannen, so dass dein Atem in alle Teile von dir strömen kann und dein Körper ein weites Gefäß wird, in dem auch der letzte Hauch deines Atems Platz findet...

Stell dir vor, dass es ein wunderschöner, sonniger Tag ist. Du stehst mitten auf einer Wiese, am Fuße eines Berges... Du kannst einen Pfad sehen, der auf den Berg hinaufführt. Der Weg führt ganz nach oben zu einem alten Tempel – zum Tempel des Schweigens...

Entschließe dich, diesen Pfad emporzusteigen... Je weiter du nach oben kommst, desto freier und leichter fühlst du dich... Nun siehst du, dass der Tempel auf einer Lichtung steht, umgeben von alten Bäumen... Du bemerkst die Ruhe dieses Platzes und die Geborgenheit des Schweigens, die dich einlädt, näher zu kommen...

Gestatte dir, mit deinem Körper die Entspannung des Schweigens aufzusaugen, wenn du mit langsamen Schritten auf den Eingang des Tempels zugehst. Spüre, dass du willkommen bist, wenn du in den Tempel hineingehst... In diesem Tempel haben viele Pilger vor dir Ruhe und Frieden gefunden... Lass alle Gefühle, die du mitgebracht hast, von dem Schweigen durchdrungen werden, so dass du eine heitere Ruhe empfinden kannst... Geh langsam weiter, bis du im Zentrum des Tempels stehst... Über dir ist der Tempel offen zum Himmel hin, und du spürst, wie auch dein Geist in diesem Schweigen still, weit und wach wird...

Du siehst, dass ein goldener Strahl der Sonne das Innere des Tempels hell erleuchtet. Von hier gehen Wärme und Kraft aus, die unerschöpflich sind... Stell dich in dieses Sonnenlicht und lass Schweigen und Licht deinen ganzen Körper füllen, deine Gefühle und deinen Geist... Spüre, wie in diesem warmen Licht alles schmilzt, was hart in dir ist – Enttäuschungen, Verletzungen und Sorgen... Lass dir Zeit zu empfinden, wie das Sonnenlicht alles heilt, was Heilung in dir braucht... (1 Minute)

Bewahre die Erinnerung an dieses heilsame Schweigen gut in deinem Gedächtnis auf, wenn du Abschied nimmst von dem Tempel und langsam den Weg zurückgehst, den du gekommen bist. Du weißt, dass du immer wieder hierher zurückkommen kannst, wenn du Geborgenheit und neue Kraft für deinen Alltag suchst...

Und nun kehre mit deiner Aufmerksamkeit wieder hierher zurück. Reck und streck dich ein wenig und atme einmal tief aus. Öffne in deinem eigenen Rhythmus die Augen und sei wieder hier, erfrischt und wach...

13 Der wirksamste Schutz

Auch diese Phantasiereise kann das Empfinden von Ruhe und Sicherheit bewirken. Zusätzlich entsteht eine belebende und stärkende Atmosphäre, weil wir die Teilnehmer an jene Menschen erinnern, von denen sie im ihrem Leben besonders geliebt wurden. Diese Erinnerung stärkt nicht nur das Vertrauen in die Welt, sondern aktiviert auch die eigene Bereitschaft zu lieben.

Anleitung

Setz oder leg dich bequem hin. Mach es dir so bequem wie möglich, indem du ein wenig hin und her rückst, damit dein Körper vollständig unterstützt wird durch den Stuhl oder durch den Boden. Kopf, Nacken und Wirbelsäule sollen eine gerade Linie bilden.

Und nun atme einmal ganz tief und vollständig ein... so tief du kannst... ganz tief in deinen Bauch... und dann atme ganz gründlich aus...

Und noch einmal einatmen... Versuche diesmal dabei die warme Energie deines Atems an alle Stellen deines Körpers zu schicken, die vielleicht angespannt sind oder müde oder die etwas wehtun... Und beim Ausatmen lass alle Anspannung des Körpers hinausfließen...

Dabei kannst du spüren, wie dein Atem alle diese Stellen wärmt, locker macht und weich... und beim Ausatmen alle Spannung mitnimmt... so dass du dich immer sicherer und behaglicher fühlen und die wohltuende Wirkung des Atems beobachten wirst, locker und leicht... mit einem freundlichen, distanzierten Bewusstsein...

Und wenn dir störende Gedanken in den Sinn kommen, dann schicke auch sie mit dem Atem nach draußen... und lasse sie beim Ausatmen los, so dass dein Geist eine kurze Weile ganz leer ist... vielleicht nur für den Bruchteil einer Sekunde, ein freier und klarer Raum, dessen Stille du genießen kannst...

Und auch alle Gefühle, die dein Herz vielleicht noch bewegen... auch sie können bemerkt und erkannt werden... und dann freundlich mit dem Atem hinausgeschickt, so dass auch dein Herz still und ruhig werden kann wie ein See, der glatt ist wie ein Spiegel...

Und während du weiter ein- und ausatmest, tief und leicht, bemerkst du vielleicht eine Art Kribbeln in der Luft, die dich umgibt... winzige, angenehme, elektrische Funken auf deiner Haut...

ein Kribbeln und Vibrieren, so als ob du ganz umgeben und geschützt wärest von einer magischen Wolke, in der winzige Wellen aus Wärme und Licht herumtanzen und leuchten... vielleicht in verschiedenen Farben... Mit jedem Atemzug wird diese Wolke dichter und angenehmer... Sie pulsiert um dich herum und behütet dich sanft vor allem, was du in diesem Augenblick nicht wünschst oder nicht brauchst...

Und nun spüre bitte, dass diese magische Wolke all die Liebe und Zuneigung in sich aufnimmt, die dir in deinem ganzen Leben von verschiedenen Menschen entgegengebracht worden ist... all die Fürsorge... alle liebevolle Aufmerksamkeit... alle Sympathie, die deinen Weg hell gemacht haben... die Gebete und Segenswünsche... All diese Liebe pulsiert in der magischen Wolke, die dich umgibt... jedes Lächeln, jeder zärtliche Blick, jede respektvolle Geste... jedes Dankeschön und jede Geste der Dankbarkeit für das, was du selbst gegeben hast... All das versammelt sich in dieser magischen Wolke und verstärkt auf diese Weise den Schutz und die Geborgenheit, die du empfinden kannst, wie ein angenehm weiter Mantel, der dich wärmt und behütet...

Vielleicht spürst du jetzt auch um dich herum die Präsenz all jener Menschen, die dich geliebt und beschützt haben... oder die dich jetzt lieben... oder die dich in Zukunft lieben werden... Die Präsenz jener Menschen, mit denen du gern zusammen bist...

Gestatte dir, in ihrer Mitte zu sein... und vielleicht einen flüchtigen Blick von dem einen oder anderen zu erhaschen... oder einen vertrauten Duft wahrzunehmen oder den Klang einer geliebten Stimme zu hören... vielleicht eine Berührung zu bemerken... eine freundliche Hand auf deiner Schulter oder auf deiner Stirn...

So viele aus deinem Leben sind präsent... Lebende und Tote... vielleicht sogar ein geliebtes Tier... ein Schutzengel... Menschen, von denen du gelernt hast und die dich ein Stück weit geführt haben... Alle sind gekommen, um dir beizustehen... gerufen von deinem Wunsch, Einsamkeit und Verletzungen, Schmerzen und Verluste zu überstehen...

Die meisten kennst du wahrscheinlich, aber vielleicht sind auch einige unbekannte Helfer dabei... alle gekommen, damit du Schutz und Unterstützung empfinden kannst... damit du diese Empfindungen tief in dein Herz einatmen kannst, so dass dein Herz leicht und hell wird...

Atme all die Liebe und Zuwendung ein – tief in dein Herz – und spüre, wie sich die Wärme in deinem ganzen Körper verbreitet... wie sie vom Zentrum deines Herzens sanft pulsierend überall hinströmt... langsam und gleichmäßig... wie Wellen auf dem Wasser...

Gestatte dir, diese Ruhe und diesen Frieden zu empfinden, während dein Herz neue Zuversicht spürt und eine sichere Verbundenheit mit allen, die du liebst...

Atme all den Schutz um dich herum ein und die innere Verbundenheit. Wisse, dass diese Menschen immer für dich da sind und dass du sie immer spüren kannst, wenn du das wünschst...

Und nun komm mit deiner Aufmerksamkeit wieder hierher zurück. Bewahre alles, was du nicht vergessen möchtest, in deinem Gedächtnis auf... Reck und streck dich ein wenig und atme einmal tief aus. Dann öffne in deinem eigenen Rhythmus die Augen und sei wieder hier, erfrischt und wach.

14 Die Rose

Hier benutzen wir das Symbol der Rose, um ein besonderes Empfinden von Sicherheit zu vermitteln. Diese Sicherheit kann entstehen, wenn wir uns mit der Kraft des Lebens verbünden und uns daran erinnern, dass unser Bewusstsein auch unsere Spiritualität einschließt. Unsere Spiritualität verbindet uns mit allem, was uns besonders wichtig und wertvoll ist, mit unseren tiefsten Hoffnungen und Überzeugungen.

Anleitung

Bitte setz dich bequem hin und schließ die Augen. Gib deinem Körper die Erlaubnis, sich zu entspannen, und richte zunächst deine Aufmerksamkeit auf deinen Atem. Vielleicht stellst du fest, dass deine Art zu atmen sich ganz von selbst etwas ändert, ohne dass du dich dabei anstrengen musst...

Und nun stell dir vor, dass du eine Rosenpflanze betrachtest... Vielleicht möchtest du dir eine kleine Beetrose vorstellen, die gemeinsam mit anderen den Boden bedeckt... vielleicht eine Edelrose, die einzeln steht... oder eine Strauchrose, die sehr viel Platz braucht... oder auch eine Kletterrose, die an einer Mauer emporrankt... Konzentriere deine Aufmerksamkeit auf einen Zweig mit einer Knospe... Noch zeigt die Knospe ein helles Grün, weil ihre Blütenblätter geschlossen sind... Aber ganz am Ende der Knospe siehst du schon eine Andeutung ihrer Farbe... Für welche Farbe möchtest du dich entscheiden? Für rot... für rosa... oder weiß...? Stell dir die Rosenblüte ganz intensiv vor. Lass sie eine Weile im Mittelpunkt deines Bewusstseins stehen...

Nun kannst du eine langsame Bewegung bemerken: Die Kelchblätter beginnen, sich langsam voneinander zu trennen; sie wenden ihre Spitzen nach außen... und gestatten dir einen ersten Blick auf die noch geschlossenen Blütenblätter... Immer weiter öffnen sich die Kelchblätter, bis du die ganze zarte Rosenknospe sehen kannst...

Ohne Zögern folgen die Blütenblätter – eins nach dem anderen faltet sich langsam nach außen, bis du die vollständig geöffnete Blüte sehen kannst...

Und jetzt nimmst du vielleicht auch den zarten Duft dieser Rose wahr und atmest dieses zarte Aroma ein, köstlich und beglückend... Gestatte dir, diesen Duft tief in dich aufzunehmen... den Duft der

Erinnerung an die kostbaren Augenblicke in deinem Leben, wo du das Wunder von Schönheit, Wahrheit und Liebe spüren konntest...

Konzentriere dich nun wieder auf die ganze Rosenpflanze mit ihren Verzweigungen und Blättern, ihren Wurzeln und Blüten und ahne die Kraft des Lebens, die von den Wurzeln aufsteigt bis in die Blüten, so dass aus den Knospen Blüten werden...

Und für einen kurzen Augenblick bist du selbst diese Rose... Dasselbe Leben, das im Universum pulsiert und das das Wunder dieser Rose geschaffen hat, wirkt auch in dir... Es hat ein Wunder vollbracht, indem es dir dein Bewusstsein geschenkt hat, mit dem du in der Lage bist, die Welt zu lieben und dich selbst geliebt zu fühlen...

Sei nun wieder du selbst... Sage der Rose Adieu...

Komm mit deiner Aufmerksamkeit hierher zurück und bring alles mit, was du nicht vergessen möchtest. Reck und streck dich ein wenig und atme einmal tief aus. Öffne in deinem eigenen Rhythmus die Augen und sei wieder hier, erfrischt und wach.

15 Heilende Hände

Erwachsene in unserer Kultur leiden an einem Berührungsdefizit. Während wir Babys und Kleinkinder in der Regel gern liebevoll berühren, geht diese Bereitschaft zu einer freundlichen, nicht erotischen Berührung immer weiter zurück, je älter wir werden. Das ist nicht in allen Kulturen so. Bei vielen Naturvölkern wird die Berührung auch unter Erwachsenen traditionell eingesetzt, um z. B. Energie und Lebenskraft zu übertragen.

In der folgenden Übung kombinieren wir eine Imagination mit Selbstmassage und erzielen damit eine gute Wirkung: Entspannung und eine Stimulation der Lebenskraft.

Anleitung

Setz dich bequem hin und schließ die Augen. Rück ein bisschen hin und her, bis du das Gefühl hast, dass dein Körper eine gute Position gefunden hat, Kopf, Nacken und Wirbelsäule in einer geraden Linie...

Und hol einmal tief und gründlich Luft... so tief du kannst... lass die Luft tief in deinen Bauch hineinströmen... und atme dann vollständig aus...

Und noch einmal... einatmen... Sende diesmal die warme Kraft deines Atems zu allen Teilen deines Körpers, die sich angespannt oder eng oder unbehaglich fühlen... Und beim Ausatmen kannst du alles Störende aus dir hinausfließen lassen...

Und nun stell dir vor, dass du an einem schönen Platz bist, wo du dich glücklich und ausgeglichen fühlst... Vielleicht bist du an einem Strand, auf einer Wiese oder in den Bergen... Stell dir vor, dass die Sonne auf dich scheint und deinen Körper sanft wärmt... (2 Minuten)

Während du weiteratmest, stell dir vor, dass du das Licht der Sonne oben in deinen Kopf hineinatmest, in Brust und Bauch, in Arme und Hände... (2 Minuten)

Nun konzentriere deine Aufmerksamkeit auf deine Hände. Stell dir vor, dass in ihnen das Licht und die Wärme der Sonne pulsieren. Bemerke, wie sie sich anfühlen. Vielleicht kannst du auch ein leichtes Vibrieren oder Kribbeln empfinden... (1 Minute)

Halte nun beide Hände vor dich hin und bewege die Innenflächen deiner Hände langsam aufeinander zu. Ehe die Hände aufeinander treffen, können sie die Wärmestrahlung der anderen Hand bemerken. An dieser Stelle sollen die Hände stoppen. Lass sie sich dann langsam wieder voneinander entfernen, um sich dann erneut anzunähern. Gib deinen Händen auf diese Weise Gelegenheit, ganz sensitiv zu werden für den nächsten Schritt der Übung... (2 Minuten)

Nun benutze deine Hände, um dein Gesicht zu erforschen. Probiere verschiedene Möglichkeiten aus: mit verschiedenen Teilen deiner Hand (Daumen, Finger, Handfläche), mit unterschiedlichem Druck und mit unterschiedlichen Bewegungen (Streicheln, Klopfen, Halten)... (2 Minuten)

Bemerke was dein Gesicht sich wünscht. Wie möchten deine Stirn, deine Schläfen, deine Wangen, dein Kinn oder deine Augen berührt werden? Welche Teile brauchen besondere Aufmerksamkeit? Was wünschen sie sich? Ruhe? Anregung? Schutz? Zärtlichkeit? Lass deine Hände auf die Wünsche deines Gesichtes eingehen und bemerke, wie du dich dabei fühlst und welche Assoziationen sich einstellen... (2 Minuten)

Bring nun deine Hände wieder zurück und schüttle sie, immer noch mit geschlossenen Augen, kräftig aus. Und dann komm mit deiner Aufmerksamkeit hierher zurück und öffne in deinem eigenen Rhythmus die Augen. Sei wieder hier, erfrischt und wach.

16 Grenzen

Damit wir uns sicher fühlen können, müssen wir unsere eigenen physischen und emotionalen Grenzen kennen und schützen. Und wir müssen lernen, die Grenzen anderer zu bemerken und zu respektieren. Grenzverletzungen erzeugen Unsicherheit, Misstrauen, Rückzug oder Aggressionen.

In der folgenden Phantasie können die Teilnehmer mehr Aufmerksamkeit für eigene und fremde Grenzen entwickeln.

Anleitung

Lass dir ein wenig Zeit und finde eine Körperhaltung, die deinem Geist gestattet, ganz wach zu sein, und deinen Gefühlen, Sicherheit und Ruhe zu finden... Und nun schließ die Augen... Konzentriere deine Aufmerksamkeit zunächst auf das Ausatmen: Geh jedes Mal, wenn du ausatmest, mit deiner Aufmerksamkeit ganz nach unten und erlebe jene Pause, die zwischen diesem Atemzug und dem nächsten entsteht. In dieser Pause musst du gar nichts tun; bemerke sie einfach. Manchmal ist diese Pause größer und dauert ein paar Augenblicke, aber es kann auch sein, dass du diese Pause kaum oder gar nicht bemerkst, auch wenn sie existiert...

Nun stell dir vor, du bist den ganzen Tag durch ein schönes Waldgebiet gewandert. In der Dämmerung gelangst du zum Eingang einer Höhle. Lass dir etwas Zeit, diese Situation zu erleben... (1 Minute)

Du hörst ein Geräusch aus dem Innern der Höhle, und du hast die Vermutung, dass irgendjemand gleich herauskommen wird. Du versteckst dich hinter einem dicken Baumstamm und wartest...

Die Dämmerung hat sich weiter vertieft, und Nebelschwaden ziehen durch den Wald... Du hörst wieder etwas, und dann kommt eine menschliche Gestalt aus der Höhle... An der Art, wie die Person geht, kannst du erkennen, dass sie sehr alt sein muss. Auf halbem Wege bleibt die Person stehen, und du fühlst dich magisch von ihr angezogen. Ganz langsam kommst du hinter deinem Baum hervor und gehst auf die Person zu. Ohne es erklären zu können, empfindest du, dass diese Person sehr weise und vollkommen freundlich ist. Du spürst immer deutlicher ihre Präsenz und ihre Ausstrahlung... Du vermutest, dass du einen Schamanen vor dir hast. Du kannst noch nicht sagen, ob es ein Mann oder eine Frau ist. Sieh, wie die Person gekleidet ist, sieh ihre Körperhaltung und wie nah sie dich an sie herankommen lässt. Öffne deine Ohren und höre, was sie zu dir zu sagen hat…

Atme tief ein und bemerke deinen Herzschlag, während du zum ersten Mal die Stimme hörst: «Mein Kind, ich habe dich erwartet… Ich werde dir drei Dinge schenken. Das erste Geschenk ist eine Grenze, damit du weißt, wo du aufhörst und wo die Welt beginnt… Du kannst diese Grenze so ziehen, wie du möchtest… stark genug, um dich zu schützen, und offen genug, dass alles zu dir gelangen kann, was du brauchst und was dich begeistert.»

Atme tief ein und konzentriere dich auf deine Grenze. Jetzt kannst du deiner Grenze eine Form geben, die zu dir passt. Lass dir Zeit, die Grenze so zu ziehen, wie du es möchtest… Bemerke, welche Form deine alte Grenze hatte und wo vielleicht Löcher sind und Lücken, die repariert werden müssen. Wähle ein geeignetes Material für deine neue Grenze; sorge dafür, dass du die Menschen, die du liebst, dicht an dich heranlassen kannst… (2 Minuten)

Und wenn du fertig bist, dann wende dich wieder der weisen Person zu. Höre, was sie dir zu sagen hat. Und dann hol einmal tief Luft und höre ihre Stimme:

«Mein Kind, als zweites Geschenk gebe ich dir ein Werkzeug, mit dem du deine Grenzen schützen und reparieren kannst, wenn sie beschädigt werden.»

Atme wieder tief ein und aus und schau dich um. Welches Werkzeug gibt die weise Person dir in die Hand? Wie sieht das Werkzeug aus? Wie viel wiegt es, woraus ist es gemacht? Wozu kannst du es gebrauchen? Und wie kannst du es bei dir tragen?… (2 Minuten)

Wenn du bereit bist, dann wende dich wieder der weisen Person zu und höre noch einmal, was sie dir zu sagen hat, nachdem du einmal tief ein- und ausgeatmet hast:

«Mein Kind, als letztes Geschenk gebe ich nun deinem Herzen die Weisheit, die Grenzen anderer zu erkennen und zu bemerken, wenn du sie übertrittst.»

Konzentriere dich einen Augenblick auf dein Herz und spüre, wie es schlägt. Bitte es, dass es zu dir spricht und dir mitteilt, wo die Grenzen der anderen sind. Versprich deinem Herzen, dass du seine Stimme beachten willst.

Wende dich nun noch einmal an die weise Person. Danke ihr für die Geschenke und überlege einen Augenblick, welche Gegengabe du ihr machen willst... (1 Minute)

Und nun ist es Zeit, Adieu zu sagen. Wirf einen letzten Blick auf die weise Person und sieh, wie sie im Nebel in ihrer Höhle verschwindet. Nimm deine drei Geschenke mit, wenn du mit deiner Aufmerksamkeit hierher zurückkehrst. Reck und streck dich ein wenig und atme einmal tief aus. Öffne in deinem eigenen Rhythmus die Augen und sei wieder hier, erfrischt und wach.

17 Stress auflösen

Wir alle erleben Stress, aber wir erklären ihn unterschiedlich. Viele Menschen betrachten Stress als etwas, das von außen kommt, z. B. durch überhöhte Anforderungen. Aber inzwischen gibt es eine andere Anschauung, die das Gegenteil annimmt: Stress kommt von innen durch die Art und Weise, wie wir denken oder bestimmte Ereignisse wahrnehmen. Diese Betrachtungsweise hat den großen Vorteil, dass wir mehr Einfluss auf unser Stress-Erleben haben. Das ist eine gute Botschaft. Oft können wir eine bestimmte Situation nicht ändern, aber wir können unser Denken ändern und damit das Ausmaß an Stress, das wir erleben.

Unser Körper gibt uns in Stresssituationen Warnsignale: Vielleicht spüren wir einen Druck im Bauch, oder unsere Hände werden feucht; wir fangen vielleicht an, schnell und viel zu essen oder verlieren plötzlich den Appetit.

In dieser schönen Phantasiereise helfen wir den Teilnehmern, sich zu entspannen und laden sie dann dazu ein, ihre Reaktionen auf eine schwierige Situation zu überdenken und ihre negativen Reaktionen aufzugeben.

Anleitung

Mach es dir bequem... Rück etwas hin und her, damit du noch bequemer sitzt... Vielleicht magst du deine Augen schließen, jetzt oder etwas später. Diese Zeit gehört dir... Du musst dich um nichts anderes kümmern, du hast nichts anderes zu tun... Genieße die Ruhe... Wenn du auf deinen Atem achtest, wirst du bemerken, dass die Luft ein wenig kühler ist, wenn du einatmest... und wenn du ausatmest... ist sie ein wenig wärmer und feuchter... ein Atemzug zur Zeit... einfach und leicht... Vielleicht möchtest du deine Atemzüge zählen: eins... zwei... drei... vier... fünf... und wieder zurück: fünf... vier... drei... zwei... eins... ganz einfach und leicht... ein Atemzug zur Zeit... sanft und ruhig... Lass dich von diesem Rhythmus entspannen...

Und nun stell dir bitte vor, dass du ganz allein in einem Segelboot bist, das auf einem See dahingleitet... Um den See herum siehst du Berge, deren Abhänge von dunkelgrünen Nadelbäumen bedeckt sind... Auf den Spitzen der Berge liegt Schnee... Du bist in die Mitte des Sees gesegelt und genießt die frische, klare Luft und den Duft der Nadelwälder, der mit der Brise herankommt, die auch das Boot antreibt und die Segel füllt zu langsamer und stetiger Fahrt... Du hörst das Plätschern und Gurgeln des Wassers, während das Boot das Wasser zerteilt, und du bemerkst auch das Knarren der Takelage und des Mastes, während die Segel von einem frischen Wind gefüllt werden...

Du fühlst dich gut – allein mit deinen Gedanken... allein mit den Geräuschen der Natur... umgeben vom Frieden der Bergwelt... Nichts stört... du kannst vollständig im Augenblick leben...

Nun hört der Wind auf zu blasen, und die Segel hängen schlaff herab... Die Oberfläche des Wassers wird glatt wie ein Spiegel, und nur dann und wann kräuselt sich das Wasser, wenn ein Fisch springt...

Du spürst die warme Sonne auf deiner Haut... angenehm warm... angenehm entspannend... Eine tiefe Ruhe umgibt dich, nur ab und zu hörst du das Wasser gurgeln unter dem Rumpf des Bootes... Aus der Ferne ertönt der Ruf von Vögeln, und manchmal hörst du deinen Atem, wenn du tief ausatmest, weil du dich hier vollständig wohl fühlen kannst...

Und nun legst du dich auf eine weiche Unterlage am Boden und vertraust darauf, dass der Wind wieder blasen wird, wenn es nötig ist. Du schaust nach oben in den klaren, blauen Himmel... um die weißen Bergspitzen siehst du kleine Wolken...

Aus der Ferne kommen die Stimmen von Anglern, die ihre Schnüre vom Ufer aus in den See werfen... Jetzt erreicht dich der Glockenklang einer Kirche, und mit jedem Glockenschlag kannst du dich weiter entspannen... Hoch am Himmel siehst du den Kondensstreifen eines Flugzeugs, das als glitzernder Punkt in weite Ferne fliegt, zu interessanten Abenteuern und Herausforderungen...

Und du entspannst dich noch tiefer und fühlst dich immer schwerer, während dein Boot über den See treibt und sich in einem angenehmen Rhythmus leicht hebt und senkt... Wenn du auf die Spitze des Mastes schaust, dann scheint sie den blauen Himmel zu berühren... Die Luft ist so rein; du kannst es schmecken und du fühlst die Ruhe... Mit deinem ganzen Körper saugst du diesen Frieden in dich auf, während du dahintreibst, mit Gedanken, die angenehm und beruhigend sind...

Hier hast du genug Zeit zum Nachdenken... über alles, was dich belastet... Jetzt hast du Zeit für eine sorgfältige Überprüfung, die dir Klarheit verschaffen kann und ganz neue Einsichten... über so viele verschiedene Dinge und über deren Wichtigkeit für dich... Jetzt kannst du bemerken, dass du dich häufig selbst unter Druck gesetzt hast. Ohne dass du dir darüber klar warst, hast du auf deine Belastungen genauso reagiert wie der Stier, der sich über das rote Tuch des Matadors aufregt. Jetzt kannst du den Entschluss fassen, rote Tücher zu ignorieren, in aller Ruhe nachzudenken und zu entscheiden, wie du dein Leben friedlich und fruchtbar leben kannst... ruhig... optimistisch... besonnen... und sicher, dass du dich selbst und dein Leben bewusst steuerst...

Die Dinge werden anstrengend, weil wir ihnen gestatten, dass sie uns aufregen... Jetzt kannst du dich entschließen zu wählen... und du entscheidest dich dafür, ruhig zu bleiben und dich nicht aufzuregen. Du entscheidest dich, in aller Ruhe herauszufinden, was richtig ist für dich und worauf es dir ankommt...

Und vielleicht kannst du schon jetzt den Frieden spüren... die Ruhe... und die Zuversicht, die sich in dir ausbreitet... Und du kannst diese Stille genießen... die Wärme der Sonne und die leisen Stimmen der Natur... die Landschaft und die Frische des Wassers... Die Welt um dich herum ist so friedlich... Alle Sorgen und Ängste verblassen und treten weiter und weiter zurück... Du fühlst dich viel stärker, wenn du die Kraft bemerkst, die tief in dir ist und die immer schon dort war... manchmal verborgen unter Unruhe und Stress, aber jetzt nicht länger verhüllt von einem Vorhang der Unsicherheit... Die Stärke schimmert hindurch... Und du erkennst, dass diese Stärke dir gehört, und du willst sie jetzt nutzen für ein besseres Leben...

Während das Boot weitertreibt, weißt du, dass es so einfach sein kann, dich dem Wind zu überlassen... Natürlich hast du in deinem Boot auch die Macht, das Ruder zu bedienen. Du kannst deine Segel so setzen, dass du den Kurs steuerst, der für dich gut ist... Außerdem hast du noch deinen Hilfsmotor, und das bedeutet, dass du wählen kannst, wohin du gehst...

Aber es kann auch sehr angenehm sein, sich eine Weile treiben zu lassen, wenn man weiß, dass man immer die Wahl hat. Du kannst dich entscheiden für Freiheit... innere Ruhe... und Zuversicht...

Und immer, wenn du dich belastet und gestresst fühlst, kannst du in dein Boot steigen und dich eine Weile treiben lassen, um dann wieder die Stärke zu spüren, die ganz allein dir gehört... Und so wirst du mit jedem Tag stärker und sicherer werden...

Und nun ist es Zeit, dass du mit deiner Aufmerksamkeit hierher zurückkehrst. Bewahre alles, was du nicht vergessen willst, gut in deinem Gedächtnis auf. Reck und streck dich ein wenig und atme einmal tief aus. Öffne in deinem eigenen Rhythmus die Augen und sei wieder hier, erfrischt und wach...

18 Der Tempel im Wald

Die folgende Phantasiereise bringt nicht nur tiefe, geistige Erfrischung, sondern sie gestattet auch die Begegnung mit Menschen, die uns verletzt oder geschadet haben. Wir werden in die Lage versetzt, unseren Verletzungen Aufmerksamkeit zu schenken und gleichzeitig unseren eigenen Anteil zu bemerken. Wir entwickeln Zuversicht, dass wir unser Leben selbst steuern können und dass wir viele Optionen haben, um unsere Probleme zu lösen.

Anleitung

Mach es dir bequem... Rück etwas hin und her, damit du noch bequemer sitzt... Vielleicht magst du die Augen schließen, jetzt oder etwas später. Diese Zeit gehört dir... Du musst dich um nichts anderes kümmern, du hast nichts anderes zu tun... Genieße die Ruhe... Wenn du auf deinen Atem achtest, wirst du bemerken, dass die Luft ein wenig kühler ist, wenn du einatmest... und wenn du ausatmest... ist sie ein wenig wärmer und feuchter... ein Atemzug zur Zeit... einfach und leicht... Du kannst deine Atemzüge zählen: eins... zwei... drei... vier... fünf... und wieder zurück: fünf... vier... drei... zwei... eins... ganz einfach und leicht... ein Atemzug zur Zeit... sanft und ruhig... Lass dich von diesem Rhythmus entspannen...

Und nun geh noch tiefer hinein in deine Entspannung, tief hinein in deine Kreativität, an jenen Platz, wo dein Geist die Schätze deiner Erfahrung hütet... Geh so tief in dein Inneres, dass du dort deinem inneren Kind begegnest... Sieh, wie es lächelt, wenn ihr euch umarmt... Gleich werdet ihr gemeinsam auf eine Phantasiereise gehen, eine Reise, die du selbst bestimmst. Denn natürlich bestimmen wir selbst, wohin wir reisen wollen, auch wenn wir manchmal vergessen, wie wir unsere Wahl treffen...

Lass es jetzt Nacht sein... eine tropische Nacht mit Mondschein und Sternen... eine Nacht für die Liebenden... eine Nacht, in der selbst die Engel staunen... Du bist tief in einem geheimnisvollen Wald, und du siehst das Mondlicht auf einem alten Tempel, der im dunkelsten Teil des Waldes verborgen ist...

Es ist ganz still, und du betrittst den Tempel... ein seltsames, violettes Licht erleuchtet die große Halle... und es erscheinen merkwürdige, aber freundliche Menschen, die dich einladen, bei ihnen Platz zu nehmen... Darunter ist eine wunderschöne Frau mit strahlenden Augen... Sie bewegt ganz sanft ihre Hand, und du siehst mit einem Mal vor dir einen Ball aus goldenem Licht... Die Frau lächelt und erklärt es dir... Nun kommen, einer nach dem anderen, alle die Menschen aus deinem Leben, die dir irgendwann weh getan haben, die dich verletzt, beschämt oder betrogen haben... in irgendeiner Weise... Sie erscheinen einer nach dem anderen. Und jedes Mal siehst du, wie du selbst, ohne es damals zu bemerken, zu dem beigetragen hast, was zwischen euch geschehen ist... auf eine Weise, die dein bewusster Geist vergessen hat, und an die er sich jetzt erinnert. Du kannst ganz klar sehen, wie die Probleme in deinen Beziehungen entstanden sind...

Und in der Stille, die entstanden ist, wird jene Person erscheinen, die dich am meisten verletzt hat... Wer ist das? Ist diese Person ein Mann oder eine Frau?... Jetzt hast du Gelegenheit, deine Gefühle vollständig auszudrücken, so vollständig, wie es dir vorher nicht möglich war... (2 Minuten)

Was möchtest du jetzt von dieser Person? Was soll diese Person jetzt tun?... (1 Minute)

Und nun kannst du vergeben und loslassen...

Komm nun langsam mit deiner Aufmerksamkeit hierher zurück. Jetzt weißt du, wie du auch allein zu diesem Tempel im Wald reisen kannst... zu diesem Zentrum der Stärke und der Selbstkontrolle in dir, wo du deine Antworten findest auf alles, was du selbst wissen musst, damit du die Probleme lösen kannst, die du lösen willst, und damit du die Möglichkeiten kennst, die du im Leben hast... um weise Entscheidungen zu treffen... um spontan das Richtige zu tun... in jedem neuen Augenblick...

Du bist ein Zentrum der Entscheidung und der Kreativität. Du kannst dich so ausdrücken, dass es deinem eigenen Besten und dem Besten der Beteiligten dient. Sei offen für dein Zentrum. Merke dir, wo deine Kraft ist. Geh immer wieder dorthin, und dir wird geholfen werden...

Deine Schwierigkeiten können gelöst werden... in diesem Augenblick... Vielleicht möchtest du dir gestatten, dankbar zu sein und besonnen, so dass du dich wichtigeren Dingen zuwenden kannst. Du wirst bemerken, dass du weißt, was zu tun ist, und du kannst sicher sein, es gut zu machen...

Streck dich nun ein wenig und atme einmal tief aus. Öffne die Augen und sei wieder hier, erfrischt und wach.

19 Der innere Ratgeber

In dieser Phantasiereise wenden wir uns an die Stimme unseres unbewussten Geistes, an die eigene innere Weisheit. Fast immer wissen wir mehr, als wir glauben. Wir benötigen lediglich einen Zugang zu jenen Informationen, die wir selbst schon bereitgestellt haben.

In diesem Falle erfolgt der Zugang über eine Art Totem-Tier. Dieses Phantasiewesen kann uns das Gefühl geben, nicht allein zu sein. Es kann unsere Hoffnung stärken, dass die Lösung unserer Probleme möglicherweise sehr viel einfacher ist, als wir glauben.

Anleitung

Mach es dir bequem... Rück etwas hin und her, damit du noch bequemer sitzt... Vielleicht magst du deine Augen schließen, jetzt oder etwas später. Diese Zeit gehört dir... Du musst dich um nichts anderes kümmern, du hast nichts anderes zu tun... Genieße die Ruhe... Wenn du auf deinen Atem achtest, wirst du bemerken, dass die Luft ein wenig kühler ist, wenn du einatmest... und wenn du ausatmest... ist sie ein wenig wärmer und feuchter... ein Atemzug zur Zeit... einfach und leicht... Vielleicht möchtest du deine Atemzüge zählen: eins... zwei... drei... vier... fünf... und wieder zurück: fünf... vier... drei... zwei... eins... ganz einfach und leicht... ein Atemzug zur Zeit... sanft und ruhig... Lass dich von diesem Rhythmus entspannen...

Und nun geh in deiner Phantasie an deinen Lieblingsplatz. Wähle irgendeinen Platz aus, drinnen oder draußen, wo du dich ganz sicher fühlst. Wähle einen Platz, der deinen Sinn für Schönheit ebenso anspricht wie deine Intuition... Erlebe diesen Platz immer deutlicher... du hast das Recht, ihn so zu verändern, wie es für dich gut ist...

Und erinnere dich daran, dass unsere Vorfahren eine besondere Beziehung zu den Tieren pflegten. Sie unterhielten sich mit ihnen und bewunderten ihre Stärke und Weisheit. Besondere Tiere behandelten sie mit großem Respekt und baten sie immer wieder um ihren Beistand...

In dieser Phantasiereise wirst du ebenfalls einem weisen Tier begegnen, das schon auf dich wartet und das für dich da ist... Gestatte dir jetzt ein kleines Lächeln, während du dich langsam umsiehst... Ganz in der Nähe wartet schon dein besonderes Tier auf dich. Es lächelt ebenfalls und möchte mit dir Blickkontakt aufnehmen...

Vielleicht erscheint das Tier bereits in diesem Augenblick; vielleicht wartet es noch ein wenig, um sicher zu sein, dass du ihm nichts tun willst... Schau dich genau um... Vielleicht musst du geduldig abwarten, wenn dein Tier ein bisschen furchtsam ist, aber auch wenn du noch nichts siehst, kannst du die Präsenz deines Tieres spüren und dich vorstellen. Sag deinem persönlichen Tier deinen Namen und versichere ihm, dass du es nicht erschrecken willst, dass du in freundlicher Absicht gekommen bist. Finde den Namen deines Tieres heraus, es ist der erste Name, der dir einfällt...

Du kannst auch etwas Futter für dein Tier hinlegen und es fragen, ob es bereit ist, in deine Nähe zu kommen und mit dir zu sprechen...

Du brauchst nicht besorgt zu sein, wenn dein Tier temperamentvoll reagiert und vielleicht anfängt herumzuspringen. Oft haben unsere weisen Tiere schon lange darauf gewartet, uns direkt zu begegnen. Bis jetzt hat dein weises Tier vermutlich nur ab und zu durch deine Intuition mit dir gesprochen... Du kannst ihm sagen, dass es dir Leid tut, es in der Vergangenheit nicht mehr beachtet zu haben, dass du dich aber in der Zukunft bessern willst. Wenn es dir jetzt komisch vorkommt, dass du so zu diesem Tier sprichst, dann kannst du ganz offen sagen, dass es dir schwer fällt, dies alles ernst zu nehmen... aber dass du den aufrichtigen Wunsch hast, Hilfe von deinem persönlichen Tier anzunehmen. Sage deinem weisen Tier, dass du sein Zögern verstehst; in jeder Beziehung braucht es Zeit, dass sich Vertrauen und Respekt entwickeln können... Und obgleich dein Tier alles über dich weiß, weil es ja ein Symbol deines inneren Lebens ist, kannst du ihm sagen, dass du nicht darauf aus bist, einfache Antworten auf schwierige Fragen zu erhalten... Betone, dass du einen langfristigen Dialog wünschst, und immer, wenn du Hilfe in einer Schwierigkeit brauchst, hören möchtest, was dein weises Tier dir zu sagen hat... Dinge, die du vielleicht geahnt, in ihrer Bedeutung aber unterschätzt hast...

Wenn es ein Problem gibt, das dich schon eine Weile beschäftigt, dann kannst du dein weises Tier fragen, ob es bereit ist, dir beizustehen. Formuliere deine Fragen jedes Mal, wenn du ausatmest. Die erste Antwort, die dir durch den Sinn geht, kannst du als Antwort deines weisen Tieres akzeptieren, als Anregung, als Inspiration... Und nun stell deine Fragen... (2 Minuten)

Welche Antworten hast du bekommen? Setze deine Unterhaltung noch eine Weile fort... Stelle deine Fragen beim Ausatmen... und höre die Antworten, während du einatmest... (1 Minute)

Denk daran, dein Ratgeber weiß alles über dich, aber manchmal hat er gute Gründe, dir etwas nicht zu sagen, dann möchte er dich vor Einsichten schützen, zu denen du noch nicht bereit bist... Und wenn das der Fall ist, kannst du dein weises Tier fragen, was du tun musst, um diese Antwort zu erhalten... Dein weises Tier wird dir den passenden Hinweis geben...

Vielleicht möchtest du auch, dass dein Tier über ein bestimmtes Problem nachdenkt in der Zeit bis zu eurem nächsten Treffen... Dann kannst du ihm das jetzt sagen... (1 Minute)

Vielleicht möchte dein weises Tier, dass du selbst über etwas nachdenkst bis zu eurem nächsten Treffen. Dann finde bitte jetzt heraus, was das ist... (1 Minute)

Verabrede nun den Zeitpunkt für ein neues Treffen, einen Zeitpunkt, der für dich selbst passend ist und für dein weises Tier. Verabrede Zeit und Ort und sage deinem weisen Tier auch, dass diese Zusammenkünfte zwar für dich wichtig sind, dass du aber manchmal das Wichtige vergisst...

Und wenn das so ist, kannst du dein weises Tier darum bitten, in deinem Bewusstsein aufzutauchen, ein paar Augenblicke vor der verabredeten Zeit, um dich daran zu erinnern...

Gibt es irgendetwas, was du vor deinem Abschied noch sagen willst? Wenn das der Fall ist, dann tu das bitte jetzt... (1 Minute)

Und nun ist es Zeit, dass du mit deiner Aufmerksamkeit langsam hierher zurückkehrst. Du kannst dir selbst sagen, dass bei jedem zukünftigen Treffen mit deinem Ratgeber die Kommunikation leichter wird, anregender und flüssiger. Du darfst erwarten, dass du dich nach jedem Treffen so gestärkt fühlen wirst, dass du mit den Herausforderungen deines Lebens besser zurechtkommst...

Und nun reck und streck dich ein wenig und atme einmal tief aus. Behalte alles, was du nicht vergessen willst, in deinem Gedächtnis. Öffne in deinem persönlichen Rhythmus die Augen und sei wieder hier, erfrischt und wach.

20 Selbstakzeptierung

Gerade in schwierigen Zeiten können wir Zuspruch gebrauchen. In dieser Übung geben wir uns selbst diesen Zuspruch, indem wir uns aus einer neuen Perspektive betrachten. In einem Brief können wir dann ausdrücken, was wir selbst gern hören möchten, um optimistischer und gefasster den Herausforderungen unseres Lebens zu begegnen.

(Die Teilnehmer benötigen Papier und Schreibzeug.)

Anleitung

Mach es dir bequem... Rück etwas hin und her, damit du noch bequemer sitzt... Vielleicht magst du deine Augen schließen, jetzt oder etwas später. Diese Zeit gehört dir... Du musst dich um nichts anderes kümmern, du hast nichts anderes zu tun... Genieße die Ruhe... Wenn du auf deinen Atem achtest, wirst du bemerken, dass die Luft ein wenig kühler ist, wenn du einatmest... und wenn du ausatmest... ist sie ein wenig wärmer und feuchter... ein Atemzug zur Zeit... einfach und leicht... Vielleicht möchtest du deine Atemzüge zählen: eins... zwei... drei... vier... fünf... und wieder zurück: fünf... vier... drei... zwei... eins... ganz einfach und leicht... ein Atemzug zur Zeit... sanft und ruhig... Lass dich von diesem Rhythmus entspannen...

Begleite nun deinen Atem und geh mit deiner Aufmerksamkeit in deinen Körper hinein. Kannst du irgendwo in deinem Körper eine angenehme Empfindung spüren? Geh an diese Stellen und genieße das Gefühl...

Und bringe nun dieses angenehme Gefühl zu den Stellen deines Körpers, die vielleicht müde oder angespannt sind. Lass das Gefühl der Offenheit und des Wohlbehagens deinen ganzen Körper durchdringen...

Was hast du empfunden, als du dich auf das Unbehagen in deinem Körper konzentriert hast? Kannst du diese Gefühle benennen? Welche Gefühle hattest du, als du dich auf das Wohlbehagen konzentriert hast? Lass diese guten Gefühle bei dir bleiben und genieße sie...

Und während du dich mit deinen Gefühlen beschäftigst, gehen dir sicherlich verschiedene Gedanken durch den Kopf. Bemerke jene Gedanken, die mit deinem Unbehagen verbunden sind, und jene anderen Gedanken, die mit deinem Wohlbehagen verbunden sind. Richte deine Aufmerksamkeit vor allem auf diese positiven Gedanken...

Alle diese Gedanken spiegeln deine Persönlichkeit. Mach dir klar, dass du selbst entscheidest, wohin du dein Bewusstsein lenkst und auf welche Aspekte deines Erlebens du dich konzentrieren willst.

Und nun tritt innerlich zurück, soweit es dir möglich ist, so dass du dich aus einer ganz weiten Perspektive betrachten kannst...

Stell dir vor, dass dein Geist irgendwann entschieden hat, geboren zu werden, so dass du diesen Körper bekamst, diese Gefühle und diese Gedanken. Kannst du dich daran erinnern, dass du diese Wahl getroffen hast? Wahrscheinlich fällt dir das schwer, aber du kannst dir vorstellen, dass dir das möglich ist. Geh weit zurück in der Zeit und erinnere dich an diese Entscheidung, die dich in die Welt brachte; erinnere dich auch an die Liebe, die du immer empfunden hast für die Gestalt, die du dir gewählt hast. Sei dir bewusst, dass Liebe, Weisheit und Klarheit deine unveräußerlichen Rechte sind...

Aus dieser Haltung bedingungsloser Offenheit kannst du dich so sehen, wie du heute bist. Und du kannst all die Ereignisse betrachten, die dich bisher geprägt haben. Was möchtest du dieser Person sagen, zu der du für die Dauer dieses Lebens geworden bist? Über welche besonderen Qualitäten verfügt diese Person? Welche Aufgabe hat sie in diesem Leben? Welche Herausforderung muss sie meistern?... (1 Minute)

Und nun öffne bitte deine Augen; nimm ein Blatt Papier und schreibe dir selbst einen Brief. Schreibe dieser Person, die du gerade aus wohlwollendem Abstand betrachtet hast, eine Botschaft, die all das benennt, was du sonst vielleicht übergehst. Bitte bedenke, dass diese Person sich Anerkennung wünscht und Mitgefühl und Ermutigung. All das kannst du in deinem Brief ausdrücken. Du hast zwanzig Minuten Zeit für diesen Brief. Anschließend kannst du den Brief in einen Umschlag stecken, ihn zukleben und ihn an dich selbst adressieren. Bitte nachher irgendjemanden in der Gruppe, den Brief zur richtigen Zeit zur Post zu geben. Du wirst den Brief erhalten, wenn du seine Botschaft am besten verstehen kannst.

21 Vergeben

Wenn wir uns vollständige Heilung wünschen, dann ist es erforderlich, dass wir selbst vollständig vergeben. Alle Wunden auf allen Ebenen müssen geheilt werden.

Vergebung gibt uns frische Kraft, weil wir dann nicht länger von den Schmerzen der Vergangenheit hypnotisiert werden. Auch unsere ersten Versuche zu vergeben, haben beträchtliche Auswirkungen. Wir können Vergebung nicht erzwingen, weil auch Gewalt gegen uns selbst unser Herz verschließt. Aber wir können die Möglichkeiten der Vergebung erforschen und eine Ahnung entwickeln, welche Bedeutung das für uns haben kann, wenn wir verzeihen und um Verzeihung bitten.

Vergebung bedeutet nicht, dass wir lieblose Aktionen billigen. Vergebung bedeutet vielmehr, dass wir alle Straf- und Rachephantasien begraben, die unser Herz vergiften.

In der folgenden Phantasie können die Teilnehmer eine erste Vorstellung davon entwickeln, was Vergebung für sie persönlich bedeuten könnte.

Anleitung

Mach es dir bequem... Rück etwas hin und her, damit du noch bequemer sitzt... Vielleicht magst du deine Augen schließen, jetzt oder etwas später. Diese Zeit gehört dir... Du musst dich um nichts anderes kümmern, du hast nichts anderes zu tun... Genieße die Ruhe... Wenn du auf deinen Atem achtest, wirst du bemerken, dass die Luft ein wenig kühler ist, wenn du einatmest... und wenn du ausatmest... ist sie ein wenig wärmer und feuchter... ein Atemzug zur Zeit... einfach und leicht... Vielleicht möchtest du deine Atemzüge zählen: eins... zwei... drei... vier... fünf... und wieder zurück: fünf... vier... drei... zwei... eins... ganz einfach und leicht... ein Atemzug zur Zeit... sanft und ruhig... Lass dich von diesem Rhythmus entspannen...

Lass dir jetzt jemanden einfallen, gegen den du immer noch Groll empfindest. Konzentriere dich am Anfang bitte auf jemanden, der dir kein allzu großes Leid zugefügt hat. Spare deine «Todfeinde» für später auf.

Wenn jemand in deinem Bewusstsein auftaucht, dann sage einfach: «Ich vergebe dir», und achte darauf, wie du körperlich reagierst. Versuche tief zu atmen und dich zu entspannen, wenn du in deinem Herzen leise wiederholst: «Ich vergebe dir.» Bemerke, wie dein Geist arbeitet, wenn du diese Worte sprichst, die in jeder Sprache zu den wichtigsten Worten gehören...

Sprich mit dem Menschen und sage ihm oder ihr, wie du dich fühlst. Höre, was dein Herz zu sagen hat...

Sprich mit den Worten, die dir selbst passend erscheinen, wenn du ausdrückst: «Ich vergebe dir all das Leid, das du mir gebracht hast, absichtlich oder unabsichtlich, weil du mich vergessen hast, weil du böse auf mich warst, weil du durcheinander warst, weil du misstrauisch warst oder weil dir alles egal war...»

Sprich mit deinen eigenen Worten, wenn du deine Absicht betonst: «Ich vergebe dir...»

Bemerke auch, wie schmerzhaft es für dich selbst ist, wenn du jemanden aus deinem Herzen ausgeschlossen hast. Und wenn du jetzt dein Herz wieder öffnest und an die Möglichkeit der Vegebung denkst, dann wirst du vielleicht empfinden, dass du auch dir selbst und deinen eigenen Gefühlen mehr Raum gibst... Vergebung ist auch eine Möglichkeit, für uns selbst zu sorgen.

Wenn die Bilder deiner Schuldiger durch dein Bewusstsein ziehen, dann wünsche ihnen, dass es ihnen gut gehen möge. Und wenn du das Gefühl hast, dass du jetzt so weit gegangen bist, wie es dir möglich ist, dann sag ihnen für dieses Mal Adieu.

Hol wieder ein paar Mal tief Luft und sorge für frische Kraft, wenn du jetzt einen Schritt weitergehst, um dir selbst vergeben zu lassen. Bring jemanden in dein Bewusstsein, der dir gegenüber Groll empfindet. Wähle jemanden aus, dem du in der Vergangenheit Leid zugefügt hast. Bemerke auch deine gemischten Gefühle, bemerke, wie schwer es dir fällt, dich zu entschuldigen. Bemerke alle Teile in dir, die glauben, dass sie Leid verdienen, dass sie Schuldgefühle tragen müssen... Erinnere dich daran, wie schlecht es dir selber ging, als du anderen Menschen in deinem Leben Leid zufügtest...

Nun sprich zu dem Menschen, den du selbst verletzt hast, und stell dir vor, wie dieser Mensch deine Handlung erlebt hat. Sage versuchsweise: «Ich bitte dich um Vergebung». Vielleicht spürst du, wie schwer dir diese Worte fallen, wenn du sie langsam wiederholst: «Ich bitte dich um Vergebung für alles, was ich dir angetan habe, absichtlich oder unabsichtlich, für alles, was dir Leid bereitet hat.»

Du machst dich dadurch nicht kleiner, aber du machst die Bürden leichter, die du durchs Leben trägst. Öffne dich für die Möglichkeit, dass dir vergeben wird. Wenn du um Vergebung bittest und wenn du an die Möglichkeit von Vergebung glaubst, dann wälzt du einen Stein von deinem Herzen, und du verringerst gleichzeitig das Leid des anderen. Drück noch einmal mit deinen eigenen Worten aus: «Ich bitte dich um Verzeihung für die Schwierigkeiten, die ich dir gemacht habe durch meine Angst, meine Arroganz, mein Misstrauen, meine Gier oder meine Unwissenheit.»

Vielleicht spürst du jetzt, wie dein Herz in Verbindung steht mit dem Herzen deines Schuldigers. Lass dir vergeben, dann sag Adieu und ziehe die Möglichkeit in Betracht, diesen Prozess später fortzusetzen...

Vielleicht hast du jetzt schon den Punkt erreicht, wo du bereit bist, dir selbst zu vergeben. Für manche ist das besonders schwer... Sprich dich mit deinem Vornamen an und sage zu dir selbst: «Ich vergebe dir.» Was empfindest du, wenn du so großzügig bist zu dir selbst, wenn du dir gestattest, Mitgefühl für dich selbst aufzubringen?...

Fällt es dir leicht, alte Vorwürfe, alte Forderungen, alte Verachtung loszulassen?

Sprich ein paar freundliche Worte zu dir selbst. Vielleicht möchtest du ausdrücken, dass du liebenswert bist, dass du mit anderen Menschen den Wunsch teilst, nicht zu leiden, dass du die Hoffnung hast, mit offenem Herzen zu leben... (1 Minute)

Vielleicht spürst du jetzt, dass sich dein Herz ein wenig geöffnet hat. Es ist nicht notwendig, dass wir herzloses Verhalten von uns selbst und von anderen entschuldigen, aber wir können den anderen und uns selbst vergeben. Wir können vergeben und irgendwann vergessen und uns auf die Gegenwart konzentrieren, auf jeden neuen Augenblick in unserem Leben.

Und vielleicht möchtest du jetzt noch irgendetwas ausdrücken – dir selbst gegenüber, anderen gegenüber. Tu das jetzt. Du hast eine Quelle großer Stärke in dir gefunden, und du weißt, wie du in Zukunft diese Quelle immer neu erschließen kannst.

Komm nun langsam mit deiner Aufmerksamkeit hierher zurück. Bewahre alles, was du nicht vergessen möchtest, in deiner Erinnerung auf. Reck und streck dich ein wenig und atme einmal tief aus. Öffne die Augen und sei wieder hier, erfrischt und wach.

22 Eine neue Perspektive

Diese sanfte Phantasiereise hilft den Teilnehmern, Ruhe in ihren turbulenten Alltag zu bringen. Wir führen sie an einen besonderen Platz, wo Stress und Angst von ihnen abfallen können, wo sie innerlich zur Ruhe kommen. Aus dieser neuen Ruhe können sie sich selbst und ihr Leben aus einer neuen Perspektive betrachten. Sie können sich von ihrem Unbewussten Hinweise geben lassen und ein tieferes Verständnis für die aktuelle Lebenssituation. Sie werden dann jene leise innere Stimme hören, die nur dann vernehmbar ist, wenn wir uns sicher fühlen und unser Herz öffnen.

Anleitung

Mach es dir bequem... Rück etwas hin und her, damit du noch bequemer sitzt... Vielleicht magst du deine Augen schließen, jetzt oder etwas später. Diese Zeit gehört dir... Du musst dich um nichts anderes kümmern, du hast nichts anderes zu tun... Genieße die Ruhe... Wenn du auf deinen Atem achtest, wirst du bemerken, dass die Luft ein wenig kühler ist, wenn du einatmest... und wenn du ausatmest... ist sie ein wenig wärmer und feuchter... ein Atemzug zur Zeit... einfach und leicht... Vielleicht möchtest du deine Atemzüge zählen: eins... zwei... drei... vier... fünf... und wieder zurück: fünf... vier... drei... zwei... eins... ganz einfach und leicht... ein Atemzug zur Zeit... sanft und ruhig... Lass dich von diesem Rhythmus entspannen...

Und während du dich weiter und weiter entspannst, gestatte dir einfach, durch Zeit und Raum zu schweben. Und in ein paar Augenblicken wird dein unbewusster Geist dich zu einem ganz besonderen Ort bringen, an dem du dich besonders gut fühlen kannst – friedlich, sicher und glücklich.

Vielleicht bist du schon einmal an diesem Ort gewesen, aber vielleicht entdeckst du diesen Ort ganz neu. Und dieser Ort wird dir ganz spontan einfallen, als Geschenk deiner Intuition.

Wenn du dort angekommen bist, dann genieße die Gefühle, die dort auf dich warten – Gefühle der Ruhe, der Zufriedenheit und des Glücks... Und es spielt keine Rolle, ob du dich dort hinsetzt und dich umschaust oder ob du dort herumspazierst, um den Ort besser kennen zu lernen, an dem du jetzt angekommen bist und der dir allein gehört...

Was ist es, was dich hier besonders anspricht? Die Töne, die du hörst oder die schönen Dinge, die es zu sehen gibt?... Vielleicht genießt du auch die Empfindungen, wenn du dies oder jenes berührst, oder du freust dich über die ungewöhnlich angenehmen Düfte, die in der Luft liegen...

Vielleicht hast du dich hier schon so weit akklimatisiert, dass du das Gefühl der Ruhe tief in dich einsinken lassen kannst. Genieße das Privileg, hier ganz allein zu sein, und das Gefühl einer tiefen Zufriedenheit und Ruhe mit allen Teilen deines Organismus aufzusaugen. Je länger du hier bist, desto vollständiger wird deine Erholung, und vielleicht wunderst du dich selbst, dass du diese Ruhe so sehr genießen kannst... Hier kannst du frische Kraft schöpfen. Und vielleicht fühlst du dich an andere Orte und Erlebnisse erinnert, wo du dich ebenfalls glücklich, sicher und zufrieden gefühlt hast...

Und an diesem Ort der Heiterkeit und Sicherheit kannst du dein Leben aus einer neuen Perspektive betrachten... (1 Minute)

Du kannst dein Grundgefühl ganz deutlich bemerken, unbeeinträchtigt durch wechselnde Stimmungen oder zufällige Ereignisse... (1 Minute)

In der Ruhe dieses Platzes kannst du dein Leben mit neuer Klarheit anschauen... (1 Minute)

Hier kannst du das bekommen, was du gerade jetzt am meisten brauchst. Dein unbewusster Geist weiß, was du am meisten benötigst. Und es gibt verschiedene Möglichkeiten, wie du das bekommen kannst. Vielleicht siehst du dein Leben aus einem neuen Blickwinkel, oder du entdeckst ganz andere Gefühle... (1 Minute)

Es kann auch sein, dass du von deinem eigenen Unbewussten ein besonderes Geschenk erhältst: eine Erinnerung, die dich verstehen lässt, eine Hoffnung, die dir einen Weg zeigt, oder ein Gefühl, das du gerade jetzt brauchst... (1 Minute)

Es kann auch sein, dass du plötzlich etwas Wichtiges hörst. Es kann sein, dass du eine Stimme hörst, die dir etwas zuflüstert – die Stimme deines Geistes, die tief in dir spricht, oder die Stimme einer anderen Person, die dir sagt, was du unbedingt hören musst... die dir Vorschläge macht, die du nicht vergisst... (1 Minute)

Und gleich werde ich für eine Weile schweigen. Du kannst an diesem Platz der Ruhe noch etwas bleiben, um dich zu stärken, um alle diese friedlichen Gefühle in dich aufzusaugen, um dir die Einsichten schenken zu lassen, die du brauchst. Du musst dich jetzt in keiner Weise beeilen. Du kannst an diesen Ort immer wieder zurückkehren, wenn du dich sammeln möchtest oder wenn du verstehen willst. Hier ist so vieles möglich, hier findest du immer wieder, was du am nötigsten brauchst... (2 Minuten)

Und nun kannst du mit deiner Aufmerksamkeit langsam hierher zurückkehren. Bring deine guten Gefühle mit, deine Besonnenheit und Klarheit. All das kann dich durch diesen Tag begleiten. Reck und streck dich ein wenig und atme einmal tief aus. Öffne in deinem eigenen Rhythmus die Augen und sei wieder hier, erfrischt und wach.

23 Die Vergangenheit begraben

Dies ist eine kurze Phantasiereise, die von den Teilnehmern zwei oder drei Mal wöchentlich wiederholt werden sollte. Sie regt das Unbewusste an, den Einfluss der Vergangenheit abzuschwächen. Besonders hilfreich ist das für alle diejenigen, die die Angewohnheit haben, sich übermäßig mit ihrer Vergangenheit zu beschäftigen. Wenn wir das Gefühl haben, dass unsere Vergangenheit immer wieder in die Gegenwart eindringt, dann geht uns jene kostbare Energie verloren, die wir brauchen, um produktiv zu leben.

Diese Übung kann uns helfen, loszulassen und nach vorn zu schauen.

Anleitung

Mach es dir bequem... Rück etwas hin und her, damit du noch bequemer sitzt... Vielleicht magst du deine Augen schließen, jetzt oder etwas später. Diese Zeit gehört dir... Du musst dich um nichts anderes kümmern, du hast nichts anderes zu tun... Genieße die Ruhe... Wenn du auf deinen Atem achtest, wirst du bemerken, dass die Luft ein wenig kühler ist, wenn du einatmest... und wenn du ausatmest... ist sie ein wenig wärmer und feuchter... ein Atemzug zur Zeit... einfach und leicht... Vielleicht möchtest du deine Atemzüge zählen: eins... zwei... drei... vier... fünf... und wieder zurück: fünf... vier... drei... zwei... eins... ganz einfach und leicht... ein Atemzug zur Zeit... sanft und ruhig... Lass dich von diesem Rhythmus entspannen...

Stell dir vor, dass du einen Spaziergang auf dem Lande machst. Auf dem schmalen Weg findest du zahlreiche Hindernisse - Steine, herabgefallene Zweige, weggeworfene Gegenstände. Lass dir Zeit, um diese Hindernisse aus dem Weg zu räumen, damit der Weg wieder frei wird...

Am Ende des Weges findest du einen großen Baum. Setz dich darunter auf den Boden, und wenn du willst, kannst du dich an den Stamm lehnen...

Nimm ein Blatt vom Boden auf und schreibe in Gedanken alles darauf, was dich in der Vergangenheit geschmerzt hat – alles Leid, alles Bedauern und all die Hindernisse aus der Vergangenheit, die dich stören, vorwärts zu gehen. Benutze einfach den Saft des Blattes als Tinte, mit der du schreibst... (2 Minuten)

Und nun mach ein Loch im Boden, damit du dieses Blatt dort begraben kannst. Tu das im Wissen, dass die Vergangenheit, obgleich du sie begräbst, noch lebendig ist; aber sie wird sich allmählich auflösen und in Nährstoff für die Zukunft verwandeln. Bekräftige deinen Wunsch, dass du die Vergangenheit auflösen möchtest, indem du ein Datum auf das Blatt schreibst...

Nun lege das Blatt in das Loch und schütte Erde darüber. Atme einmal tief aus und geh mit festen und schnellen Schritten den Weg zurück, den du gekommen bist. Bemerke, ob du irgendwelche Veränderungen auf deinem Weg erkennen kannst...

Und nun reck und streck dich ein wenig und öffne in deinem eigenen Rhythmus die Augen und sei wieder hier, erfrischt und wach.

24 Der Paradiesgarten

Dies ist eine klassische Reinigungsübung, die sich gut für den Tagesbeginn eignet. Wenn wir uns in der hier vorgeschlagenen Weise frisch machen, dann entwickeln wir automatisch eine optimistische Stimmung. Wir fühlen uns fit und tatkräftig.

Im Anschluss an diese Übung können wir darüber sprechen, wie sich unser Leben verändern würde, wenn wir unsere alltägliche Lebensumgebung von Zeit zu Zeit reinigen und aufräumen würden. Wenn wir uns z. B. von überflüssigen Besitztümern trennen, dann hat das oft eine positive Wirkung auf unser Lebensgefühl.

Anleitung

Mach es dir bequem... Rück etwas hin und her, damit du noch bequemer sitzt... Vielleicht magst du deine Augen schließen, jetzt oder etwas später. Diese Zeit gehört dir... Du musst dich um nichts anderes kümmern, du hast nichts anderes zu tun... Genieße die Ruhe... Wenn du auf deinen Atem achtest, wirst du bemerken, dass die Luft ein wenig kühler ist, wenn du einatmest... und wenn du ausatmest... ist sie ein wenig wärmer und feuchter... ein Atemzug zur Zeit... einfach und leicht... Vielleicht möchtest du deine Atemzüge zählen: eins... zwei... drei... vier... fünf... und wieder zurück: fünf... vier... drei... zwei... eins... ganz einfach und leicht... ein Atemzug zur Zeit... sanft und ruhig... Lass dich von diesem Rhythmus entspannen...

Stell dir vor, dass es Morgen ist und du aus dem Haus gehst. Geh eine Straße entlang... Finde einen schmalen Weg, der dich in ein Tal bringt zu einer Wiese oder einem Garten. Geh mitten hinein und finde dort einen goldenen Staubwedel oder eine goldene Massagebürste. Nimm das Werkzeug, was dir am meisten zusagt und fang an, dich sorgsam von Kopf bis Fuß abzubürsten. Vergiss nicht deine Arme und Beine. Bemerke, wie du dich dabei fühlst, und wisse, dass du nicht nur die abgestorbenen Zellen von der Oberfläche deines Körpers entfernt hast, sondern auch alle Müdigkeit und alle Unklarheiten aus deinem Inneren... (1 Minute)

Und nun lege dein Werkzeug weg und vernimm das leise Plätschern eines Baches in deiner Nähe. Geh dorthin, knie dich auf den Boden und schöpfe etwas von dem kristallklaren und kühlen Wasser mit der hohlen Hand... Spritze das Wasser auf dein Gesicht und wisse, dass du damit symbolisch alle Unreinheiten von der Oberfläche deines Körpers abwäschst...

Dann schöpfe noch einmal von dem klaren, fließenden Wasser mit der hohlen Hand und trinke es langsam und wisse, dass du damit symbolisch alle Unreinheiten aus dem Inneren deines Körpers wäschst...

Jetzt fühlst du dich erfrischt, kräftig und viel wacher. Vielleicht bemerkst du sogar ein leichtes Kribbeln in deinen Händen oder an anderen Stellen deines Körpers...

Am Rande der Wiese siehst du einen Baum. Setze dich unter den Baum, unter die herabhängenden Zweige mit den grünen Blättern. Lehne deinen Rücken gegen den Stamm und fang an, den Sauerstoff einzuatmen, den die Blätter des Baumes ausatmen. Stell dir vor, dass du mit dem Sauerstoff auch das goldene Licht der Sonnenstrahlen einatmest, die durch die Zweige des Baumes hindurchdringen. Wenn du ausatmest, dann sind die Blätter des Baumes dafür dankbar. Sie nehmen deinen Atem in sich auf. Genieße die Symbiose mit dem Baum und atme eine Weile in dem Rhythmus, in dem auch der Baum atmet. Berühre mit deinen Füßen und deinen Händen die Erde, damit du auch Wurzeln hast, Wurzeln wie der Baum. Lass die Energie der Erde in deine Finger und Zehen strömen und nimm so viel Kraft in dich auf, wie du brauchst.

Wenn du dich genügend gestärkt hast, steh auf und verabschiede dich von dem Baum. Wenn du willst, kannst du deine Arme um den Baum legen und ihm für alles danken, was er dir gegeben hat... (1 Minute)

Dann geh den Weg zurück, den du gekommen bist. Bemerke bei jedem Schritt, wie sicher und wie stark du dich jetzt fühlst...

Und nun komm mit deiner Aufmerksamkeit zurück in diesen Raum und bring deine guten Gefühle von dem Morgenspaziergang hierher mit. Reck und streck dich ein wenig und öffne in deinem eigenen Rhythmus die Augen. Atme einmal tief aus und sei wieder hier, erfrischt und wach.

25 Dankbarkeit

Die meisten von uns haben die Neigung, sich hauptsächlich an die Schwierigkeiten der Vergangenheit zu erinnern, und sie vergessen die guten Dinge. Diese Tendenz des Gedächtnisses hatte früher sicher einen Überlebensvorteil, weil unsere Vorfahren dadurch sensibler waren für mögliche Gefahren. Heute kann dies eher eine Belastung sein und eine Quelle der Unzufriedenheit.

Die folgende Übung kann ein bewusstes Gegengewicht bilden und uns zu mehr Optimismus verhelfen.

Anleitung

Mach es dir bequem... Rück etwas hin und her, damit du noch bequemer sitzt... Vielleicht magst du deine Augen schließen, jetzt oder etwas später. Diese Zeit gehört dir... Du musst dich um nichts anderes kümmern, du hast nichts anderes zu tun... Genieße die Ruhe... Wenn du auf deinen Atem achtest, wirst du bemerken, dass die Luft ein wenig kühler ist, wenn du einatmest... und wenn du ausatmest... ist sie ein wenig wärmer und feuchter... ein Atemzug zur Zeit... einfach und leicht... Vielleicht möchtest du deine Atemzüge zählen: eins... zwei... drei... vier... fünf... und wieder zurück: fünf... vier... drei... zwei... eins... ganz einfach und leicht... ein Atemzug zur Zeit... sanft und ruhig... Lass dich von diesem Rhythmus entspannen...

Erinnere dich daran, wie viele glückliche Ereignisse es bisher in deinem Leben gegeben hat. An manche hast du sicherlich lange Zeit nicht mehr gedacht. Es gab große Augenblicke des Glücks... und es gab kleine Augenblicke der Zufriedenheit... Aber sie alle zusammen gaben dir das Gefühl, dass dein Leben wertvoll ist... Sie machten dich glücklich, heiter und manchmal ekstatisch...

Vielleicht erinnerst du dich an deine Hochzeit... an die Geburt deines ersten Kindes... an die Anerkennung für deine Leistungen, die dir jemand ausgedrückt hat, dessen Meinung für dich wichtig war; vielleicht erinnerst du dich auch an die Stimme deiner Großmutter, die dir Geschichten erzählte, als du ein Kind warst; vielleicht erinnerst du dich an den Tag, als dein Vater mit dir zum Angeln gefahren ist; vielleicht fallen dir Ereignisse ein, wo andere dich unterstützt haben, Verständnis für dich zeigten und Liebe für dich ausdrückten; vielleicht werden Erinnerungen in dir wach an

Gelegenheiten, wo du für andere wichtig warst, indem du ihnen beigestanden hast, indem du großzügig warst, indem du Trost gespendet hast...

Und wahrscheinlich hast du jetzt solche Augenblicke des Glücks in der Erinnerung kurz gestreift. Gestatte dir nun, eine einzelne Situation noch einmal längere Zeit zu genießen. Finde ein Ereignis in deinem Leben, für das du aus heutiger Sicht besonders dankbar bist. Lass dieses Ereignis noch einmal für dich stattfinden. Wo bist du?... Wer ist bei dir?... Was geschieht?... Was empfindest du dabei?... (2 Minuten)

Achte darauf, was du körperlich empfindest, wenn du dir diese glückliche Erinnerung gestattest. Wie fühlen sich deine Hände an?... Wie atmest du?... Wie fühlt sich dein Gesicht an?... Bemerkst du in dir den Impuls, einmal tief zu seufzen oder zu lächeln?... (1 Minute)

Vertiefe dich mit deiner ganzen Sensibilität nun in diesen Augenblick. Kannst du irgendetwas entdecken, wofür du gerade jetzt dankbar bist?... Versuche etwas zu finden, was du für gewöhnlich als selbstverständlich hinnimmst. Was geschieht in dir, wenn du den Wert alltäglicher Erfahrungen entdeckst?... Kannst du z. B. dafür dankbar sein, dass du hier in diesem Raum bist und in dieser Gruppe?... Kannst du dafür dankbar sein, dass du deinen Körper spürst?... Kannst du dafür dankbar sein, dass du tief atmen kannst und gelernt hast, dich zu entspannen?... (1 Minute)

Dankbarkeit ist eine sichere Methode, wie wir mehr Ruhe und Frieden in unser Leben bringen können. Du kannst dich dafür entscheiden, jeden Tag damit zu beginnen, dass du dich drei Minuten auf die Dinge konzentrierst, für die du dankbar bist. Und du kannst den Tag damit beschließen, dass du drei Minuten lang die glücklichen Ereignisse des Tages noch einmal betrachtest und all jenen im Stillen dankst, die dazu beigetragen haben.

Und nun komm mit deiner Aufmerksamkeit wieder zurück. Reck und streck dich ein wenig und atme einmal tief aus. Öffne in deinem eigenen Rhythmus die Augen und sei wieder hier, erfrischt und wach.

26 Tanz des Lebens

Mit dieser Phantasiereise möchten wir den Teilnehmern ein verstärktes Gefühl der Freiheit, der Lebendigkeit und der Neugier schenken.

Anleitung

Mach es dir bequem... Rück etwas hin und her, damit du noch bequemer sitzt... Vielleicht magst du deine Augen schließen, jetzt oder etwas später. Diese Zeit gehört dir... Du musst dich um nichts anderes kümmern, du hast nichts anderes zu tun... Genieße die Ruhe... Wenn du auf deinen Atem achtest, wirst du bemerken, dass die Luft ein wenig kühler ist, wenn du einatmest... und wenn du ausatmest... ist sie ein wenig wärmer und feuchter... ein Atemzug zur Zeit... einfach und leicht... Du kannst deine Atemzüge zählen: eins... zwei... drei... vier... fünf... und wieder zurück: fünf... vier... drei... zwei... eins... ganz einfach und leicht... ein Atemzug zur Zeit... sanft und ruhig... Lass dich von diesem Rhythmus entspannen...

Körper und Geist sind ein Wunder. Sie sind in der Lage, eng miteinander zusammenzuarbeiten. Dein bewusster Geist und dein Unbewusstes spielen dabei eine wichtige Rolle.

Bitte mach dir klar, dass dein Körper aus Milliarden von Zellen besteht... eine neben der anderen. Aber wenn du dein Körpergewebe durch ein starkes Mikroskop betrachten könntest, dann würdest du sehen, dass sich die Zellen nicht berühren, sondern dass es etwas freien Raum zwischen ihnen gibt. Auch diese kleinsten Bausteine deines Organismus schätzen die Freiheit.

Nun stell dir bitte vor, dass dieser freie Raum zwischen den Zellen vollständig weggenommen würde, dass die Zellen eng zusammengepresst würden; von Kopf bis Fuß wäre dein Körper jetzt eine kompakte Masse, und du wärst ein winziger Organismus. Aber die Natur hat anderes mit dir im Sinn.

Verändere bitte das Bild von deinem Körper und sieh deine Zellen mit den natürlichen Zwischenräumen. Wenn du den Originalzustand wieder hergestellt hast, atme einmal tief aus.

Deine Phantasie gestattet es dir, auch die Zwischenräume zwischen den Zellen zu vergrößern. All die Milliarden von Zellen, die deinen Körper bilden, haben jetzt etwas mehr Raum, um zu atmen... und um sich zu bewegen...

Nun stell dir vor, dass all die Zellen deines Körpers – von den Fingerspitzen bis zu deinen Zehen – ihre neue Freiheit dazu nutzen, sich zu bewegen. Lass sie einen Tanz beginnen; lass dich überraschen von seinem Rhythmus...

Immer stärker spürst du, wie dieser wunderbare Tanz des Lebens in deinem gesamten Organismus pulsiert... ein heiliger Tanz... ein Geschenk des Lebens... Jede einzelne Zelle beteiligt sich daran und bewegt sich zu der Musik himmlischen Schweigens...

Und während du diesen heiligen Tanz des Lebens in dir spürst, bist du neugierig, welche Konsequenzen diese neu gewonnene Freiheit mit sich bringt.

Vielleicht bekommst du Lust, ganz neue Gedanken über dein Leben zu entdecken... Immer klarer wird dir, dass es in deinem Leben immer neue Anfänge gibt und dass es so viele Möglichkeiten gibt, all das zu finden, was unser Leben wertvoll macht: innere Ruhe, Gelassenheit, Gefühle von Stärke, Gesundheit und Kraft. All das wird in deinem Leben zunehmen...

Du wirst Ruhe und Frieden empfinden; du wirst dich stark und gesund fühlen, lebendig und neugierig. Dieses Gefühl wird deine ganze Existenz durchdringen. Es wird immer da sein in der Tiefe deines Geistes, und es ist jetzt schon da und an jedem neuen Tag...

Du kannst jeden Tag so erleben, als ob es dein erster Tag wäre. Mehr und mehr wirst du in der Lage sein zu spüren, wie wunderbar es ist, wenn du alles auf neue Weise siehst, wenn du alles frisch erlebst. Und du weißt, wie das geht. Denn du hast als Kind die Welt so erlebt, als du das Gras entdeckt hast und die Blumen, die Bäume und die Vögel. Und diese Sensibilität hast du behalten; du spürst den leisesten Windhauch, der dich berührt; du entdeckst das Wunder deiner Hände, die Stärke und Geschicklichkeit deiner Finger, die Empfindlichkeit deiner Fingerspitzen... Du kannst die Welt berühren und es genießen, wenn du von der Welt berührt wirst...

Du wirst immer mehr Dinge entdecken, die du sonst übersehen hast – auf eine neue Weise, frisch und überraschend. Vielleicht hättest du es nie für möglich gehalten, wie viel es in deinem Leben gibt, das dich zum Staunen einlädt. Überall begegnest du den Wundern und Geheimnissen des Lebens, wenn du neu anfängst...

Und so kannst du auch den Herausforderungen des Lebens neu begegnen – mit einem ruhigen Geist, einem neugierigen und hoffnungsvollen Geist. Es ist so gut, lebendig zu sein, diese Ruhe zu genießen und das Gefühl der Kraft... Und du wirst in der Lage sein, die Dinge zu verändern, die verändert werden können; und all die Dinge, die nicht verändert werden können, kannst du leichter akzeptieren – mit innerer Ruhe und Heiterkeit –, weil du weißt, dass das Leben gut ist...

Auch in deiner Arbeit wirst du neue Möglichkeiten entdecken, im Zusammenwirken mit den Menschen in deiner Umgebung, weil du immer neu das Wunder genießt, dass du denken kannst und fühlen, sprechen und planen, hören und lieben...

Deine Fähigkeit zu lieben verbindet dich mit jedem einzelnen Menschen, mit allen Lebewesen, denen du begegnest... Und immer stärker wird dir bewusst, dass du selbst ein Teil des Lebens und ein Kind der Natur bist... Du darfst dein Leben immer reicher und tiefer machen, jeden Tag, und heute hast du damit begonnen...

Nimm alle diese Gedanken in der Tiefe deines Geistes auf, so dass sie dich überallhin begleiten können...

Du wirst in der Lage sein, so vieles auf neue Weise zu erleben, und deine Talente und Begabungen auf überraschende Weise zu gebrauchen. Darum kannst du diese Gedanken jetzt in den Hintergrund deines Geistes treten lassen – als Vorrat an Inspiration. Sie können dir als Kompass dienen, und du kannst damit heute beginnen...

Und nun komm mit deiner Aufmerksamkeit hierher zurück. Bewahre alles, was du nicht vergessen möchtest, in deinem Gedächtnis auf. Reck und streck dich ein wenig und atme einmal tief aus. Öffne in deinem eigenen Rhythmus die Augen und sei wieder hier, erfrischt und wach.

27 Hologramm

Die folgende Phantasiereise benutzt alte religiöse Bilder und Vorstellungen, um ein starkes Gefühl der Geborgenheit möglich zu machen. Jeder kann die hier vorgeschlagenen Symbole mit den eigenen spirituellen Vorstellungen verbinden. Gerade in Krisen des Lebens und unter belastenden Umständen kann diese Übung den Teilnehmern ein großes Geschenk machen. In jedem von uns gibt es etwas, was unvergänglich ist und unendlich wertvoll.

Anleitung

Mach es dir bequem... Rück etwas hin und her, damit du noch beOquemer sitzt... Vielleicht magst du deine Augen schließen, jetzt oder etwas später. Diese Zeit gehört dir... Du musst dich um nichts anderes kümmern, du hast nichts anderes zu tun... Genieße die Ruhe... Wenn du auf deinen Atem achtest, wirst du bemerken, dass die Luft ein wenig kühler ist, wenn du einatmest... und wenn du ausatmest... ist sie ein wenig wärmer und feuchter... ein Atemzug zur Zeit... einfach und leicht... Vielleicht möchtest du deine Atemzüge zählen: eins... zwei... drei... vier... fünf... und wieder zurück: fünf... vier... drei... zwei... eins... ganz einfach und leicht... ein Atemzug zur Zeit... sanft und ruhig... Lass dich von diesem Rhythmus entspannen...

Geh nun mit deiner Aufmerksamkeit zur linken Seite deiner Brust, dorthin, wo dein Herz schlägt... Stell dir vor, dass du mit geschlossenem Mund durch dein Herz ein- und ausatmest... tief und gleichmäßig...

Stell dir vor, dass ein goldener Nebel die Luft um dich herum füllt; und mit jedem Atemzug kannst du diesen goldenen Nebel einatmen... Lass ihn deinen ganzen Körper durchströmen, von Kopf bis Fuß...

Dein Atem gestattet dir wunderbare Dinge. Er verbindet dich mit der ganzen Welt, und er hilft dir, dein Bewusstsein immer weiter auszudehnen... Und wenn du jetzt weiteratmest, dann stell dir vor, dass du die Energie des Universums in dich aufnimmst. Und nimm auch den Atem Gottes in dir auf. Lass ihn deinen ganzen Körper ausfüllen...

Und immer, wenn du ausatmest, dann atme alles das aus, was dich davon abhält, dein wahres Selbst zu kennen... Atme alles aus, was dich isoliert... Atme alle Gefühle der Wertlosigkeit aus, alles Selbstmitleid, alle deine Fixierungen auf Leid, auf physische oder seelische Schmerzen... Atme auch Ärger und Zweifel, Gier und Verwirrung aus... Und nimm Gottes Atem in dich auf, und atme alles aus, was dich davon abhält, Gott zu spüren... Lass dir von deinem Atem helfen, tief in dich hineinzugehen...

Nun stell dir vor, dass der goldene Nebel sich in deiner Brust konzentriert. Sieh, wie sich der goldene Nebel mitten in deinem Herzen zu einer Gestalt formt, zu einem kleinen Wesen, vielleicht so groß wie dein Daumen, das auf einer Lotusblüte sitzt...

Es spielt keine Rolle, wie deutlich du dieses Bild siehst, du kannst es auch mit deinen anderen Sinnen spüren und erleben. Bemerke die Ruhe dieser Gestalt, die ein helles Licht ausstrahlt, das von innen kommt. Und während du auf diese Gestalt schaust, musst du vielleicht etwas blinzeln, weil das Licht so hell ist, das von ihr ausgeht. Mit diesem Licht kannst du einen tiefen Frieden erleben, der dein Herz füllt. Du kannst spüren, dass diese kleine Gestalt eine große Weisheit verkörpert. Sie sitzt in vollständiger Ruhe in dir, schweigend und voller Würde. Mitgefühl und Liebe strahlen von ihr aus; lass diese Liebe auch dich erfüllen... (1 Minute)

Stell dir nun vor, dass diese zierliche Gestalt größer und größer wird, bis sie deinen ganzen Körper ausfüllt, so dass ihr Kopf zu deinem Kopf wird, und ihr Körper zu deinem Körper, dass ihre Arme deine Arme werden, dass ihre Beine deine Beine werden... Und nun füllt dieses Wesen deinen ganzen Körper aus... mit seiner unendlichen Weisheit, mit seinem grenzenlosen Mitgefühl... ein Wesen des Lichtes, der inneren Ruhe und der Glückseligkeit... (1 Minute)

Und nun stell dir vor, dass der Prozess des Wachstums fortschreitet. Spüre, wie du selbst wächst, wie dein Kopf über die Decke dieses Raumes hinauswächst, wie deine Füße durch den Boden dieses Raumes hinabreichen, so dass alle die Menschen in diesem Raum in deinem Körper Platz finden; und auch all die Geräusche und der Ton meiner Stimme kommen jetzt aus deinem Inneren. Spüre diese Ausdehnung, diesen Frieden, diese Unerschütterlichkeit...

Es gibt kein Ende. Gestatte dir, weiter zu wachsen. Lass deinen Kopf den Himmel berühren und die Wolken, bis unser ganzes Land in dir liegt. Schau nach innen und betrachte das Leben der Menschen. Sieh ihre Einsamkeit, ihre Freude, ihre Hilfsbereitschaft, ihre Gewalt, ihre Angst, die Liebe einer Mutter für ihr Kind, die Krankheiten des Körpers und der Seele, die Angst vor dem Tode, all das, was den Alltag der Menschen prägt. Bemerke, dass all das in dir ist... Betrachte das menschliche Leben mit Liebe und Mitgefühl. Und im selben Augenblick kannst du innerlich ganz ruhig sein, weil du empfindest, wie das Licht durch dich hindurchströmt und deine Grenzen überschreitet...

Und du kannst noch weiter gehen... Spüre dein unfassbares Wachstum, bis dein Kopf Sterne und Planeten erreicht und du mitten in der Milchstraße sitzt, so dass die Erde tief in deinem Bauch liegt. Die ganze Menschheit ist in dir versammelt. Spüre ihre Unruhe und ihre Sehnsucht, spüre auch die Schönheit des menschlichen Lebens... Sitze in diesem Universum, schweigend, unvorstellbar groß, friedlich und liebevoll... Und lass auch alles das, was der menschliche Geist geschaffen hat, in dir sein. Betrachte alles mit Liebe...

Und noch einmal kannst du wachsen, bis nicht nur die Milchstraße, sondern der ganze Kosmos in dir ist, die ganze Unendlichkeit... Spüre diese Einsamkeit, dieses Schweigen, diesen Frieden... Außer dir ist nichts da, aber in dir ist das Bewusstsein des Universums – eine unendliche Weisheit und ein unendliches Mitgefühl...

Tu nun noch einen letzten Schritt, löse deine Grenzen auf und verschmelze einen winzigen Augenblick mit der Unendlichkeit, jenseits von Zeit und Raum, jenseits von jeder Gestalt, jenseits von jedem Verstehen. Für einen kurzen Augenblick lass alles los, ohne Anfang und Ende...

Und kehre dann ganz, ganz langsam zurück und nimm deine Grenzen wieder an... Du bist immer noch riesengroß, dein Schweigen ist tief, und alles liegt in dir... Komm zurück durch die Welten bis in unser Universum, bis dein Kopf wieder zwischen Sternen und Planeten liegt, und die Erde in dir... Komm weiter zurück, bis dein Kopf an den Himmel stößt und unser Land in dir Platz hat... Komm weiter zurück, bis dein Kopf nur noch über die Decke dieses Raumes hinausragt, und mach hier einen Augenblick Halt. Schau aus dieser Perspektive hinab in diesen Raum und betrachte dich selbst. Betrachte dich, wie du warst, ehe du auf diese Reise gegangen bist; betrachte deine Existenz mit Liebe und Mitgefühl; betrachte deine Lebensreise mit all den Herausforderungen, all den Krisen, all den Hoffnungen und Befürchtungen. Sieh all die Dinge, die dich davon abhalten, frei zu sein; sieh all deine Anstrengungen, deine Versuche zu erkennen, wozu du auf dieser Welt bist...

Und in diesem Augenblick kannst du dich aus deiner Höhe ein wenig herabbeugen und ganz sanft und zart deine Hand auf den Kopf dieses Menschen legen, der du selbst bist, ihm deinen Segen geben und ihm wünschen, dass er sich erkennt. Und in diesem Augenblick bist du beides – derjenige, der seinen Segen gibt, und derjenige, der gesegnet wird. Lass dir einen Augenblick Zeit, beides gleichzeitig zu erleben...

Und nun kehre noch weiter zurück, bis du wieder so in deinem Körper bist, wie am Anfang deiner Reise. Sei wieder Fleisch, umgeben von jener leuchtenden Gestalt, die jene Weisheit verkörpert, die aus der Wahrheit entspringt und aus der Liebe...

Spüre, wie Liebe und Frieden aus dir hinausströmen. Du kannst das Licht, das aus dir kommt, weitergeben und zu einem Segen werden lassen für alles, was du in deinem Leben triffst. Du kannst ein Leuchtfeuer sein, das Frieden und Liebe ausstrahlt für alle, die sich danach sehnen.

Denke an alle Menschen, denen du bisher deine Liebe vorenthalten hast, und umgib sie jetzt mit Licht, mit Liebe und Frieden – jetzt in diesem Augenblick. Lass Groll und strenge Urteile los und gib, was du zu geben hast, denn nur wenn du gibst, kannst du auch empfangen. Und du wirst feststellen, dass alles, was du gibst, vielfältig zurückkommen wird. Auf diese Weise trägst du bei zur Harmonie der Welt...

Und nun schau noch einmal auf das kleine, strahlende Wesen, das daumengroß auf der Lotusblüte in deinem Herzen sitzt, friedlich und voll Mitgefühl. Dieses Wesen ist die Liebe, dieses Wesen verkörpert die Weisheit; dieses Wesen existiert in dir von Anfang an, und du kannst es mit Hilfe deiner Intuition wahrnehmen, die weiter reicht als deine Vernunft; in diesem Wesen verkörpert sich das ganze Universum... Und zu jeder Zeit kannst du eine Pause einlegen und still werden. Dann hörst du diese Stimme, die dich nach Hause geleitet. Und wenn du am Ende deines Lebens angekommen bist, dann verschmilzt du mit diesem Wesen, und du wirst wissen, dass Gott und diese kleine, strahlende Gestalt eine Einheit bilden...

Komm jetzt mit deinem Bewusstsein langsam hierher zurück. Lass alles, was du in dieser Phantasiereise erlebt hast, in den Hintergrund deines Geistes treten und bewahre es dort sicher auf. Und immer, wenn du es brauchst, kannst du dir von dort Inspiration und Trost holen, zu jeder Zeit.

Und nun reck und streck dich ein wenig und atme einmal tief aus. Öffne in deinem eigenen Rhythmus die Augen und sei wieder hier, erfrischt und wach.

28 Das alte Segelschiff

Dies ist eine kurze Phantasiereise, die helfen kann, besser einzuschlafen, wenn innere Unruhe oder eine laute Umgebung es schwer machen, zur Ruhe zu kommen. Besonders hilfreich ist die verwendete Metaphorik für Menschen, die Meer und Schiffe lieben.

Anleitung

Die folgende Phantasiereise wird dir das Gefühl innerer Ruhe schenken. Du kannst sie in Zeiten mit besonderen Belastungen auch selbständig benutzen, z. B. um leichter einschlafen zu können, und um Schlaf zu finden, der dich nachhaltig erfrischt.

Mach es dir bequem... Rück etwas hin und her, damit du noch bequemer sitzt... Vielleicht magst du deine Augen schließen, jetzt oder etwas später. Diese Zeit gehört dir... Du musst dich um nichts anderes kümmern, du hast nichts anderes zu tun... Genieße die Ruhe... Wenn du auf deinen Atem achtest, wirst du bemerken, dass die Luft ein wenig kühler ist, wenn du einatmest... und wenn du ausatmest... ist sie ein wenig wärmer und feuchter... ein Atemzug zur Zeit... einfach und leicht... Vielleicht möchtest du deine Atemzüge zählen: eins... zwei... drei... vier... fünf... und wieder zurück: fünf... vier... drei... zwei... eins... ganz einfach und leicht... ein Atemzug zur Zeit... sanft und ruhig... Lass dich von diesem Rhythmus entspannen...

Bist du jemals auf einem großen, alten, seetüchtigen Segelschiff gefahren?... Stell dir bitte vor, dass man dich eingeladen hat, mitzureisen auf einem wunderschönen, großen Dreimaster... Der Bug des Schiffes taucht immer wieder tief ein in das bewegte Meer. Über dir hörst du die Möwen schreien und das Ächzen und Knarren der Masten und der Rahen, an denen die schweren Segel befestigt sind... Der Wind pfeift in der Takelage, und ab und zu spritzt die Gischt auf das hölzerne Deck...

Du selbst liegst gemütlich in deiner Koje und lässt dich sanft hin- und herwiegen. Du hörst das Knarren der Planken und das Knistern in den hölzernen Kabinenwänden, alle die Geräusche dieses alten Schiffes, das schon so viele Reisen sicher überstanden hat. Du lauschst den vielfältigen Stimmen des Schiffes und lässt dir von ihnen erzählen, welche fernen Küsten das Schiff einst besucht hat... Und du kannst dich von diesem alten Schiff zu all den Plätzen mitnehmen lassen, die du immer schon einmal besuchen wolltest. Vielleicht träumst du von den warmen Stränden der Karibik; vielleicht möchtest du auch einen großen Fluss hinaufsegeln, z. B. den Rio Magdalena in Südamerika; oder du hast Lust, das weite Delta des Mississippi zu bereisen... Schließ einfach deine Augen und male dir aus, was du auf einer solchen Schiffsreise alles erleben kannst... Du hörst die Musik des Wassers, und du hörst den Atem des Windes und das Seufzen des alten Schiffes... Ab und zu mischen sich die Schreie der Möwen mit der Musik des Meeres, und sie lösen in dir eine tiefe Sehnsucht aus...

Alle Anspannung und Unruhe fließt aus deinem Geist, während dich das Schiff sanft in den Schlaf wiegt... so entspannt, so friedlich, so sicher... einfach weitersegeln, weit in die Ferne... tiefer und tiefer in die Unendlichkeit des Ozeans...

Sieh, wie die Sonne sinkt und sich an den Horizont schmiegt, während das sanfte Schaukeln des alten Segelschiffes dich in den Schlaf wiegt... so friedlich und ruhig... Und auch das Ächzen der Masten ist so beruhigend... Das Schiff scheint im selben Rhythmus zu atmen wie du selbst... In der Ferne hörst du die Glocken der Bojen, die das Schiff auf sicherem Kurs halten... Höre diese Glocken, spüre das sanfte Schaukeln, während du immer mehr zur Ruhe kommst und dich in einen erfrischenden Schlaf sinken lässt...

Du kannst jederzeit aufstehen und wieder an Bord gehen, wenn du das möchtest. Jetzt kannst du träumen... Was siehst du jetzt?... Was fühlst du jetzt?... Während die Geräusche leiser und leiser werden und du dich treiben lässt... so friedlich und ruhig... (1 Minute)

Starkes Holz unter deinen Füßen und hohe Masten, die sich hin und her bewegen im Wind... während du dich treiben lässt und dich dem Schiff anvertraust, dass es dich deinen Zielen näher bringt... während du ausruhst und träumst...

Nun wird es Zeit, dass du mit deiner Aufmerksamkeit hierher zurückkehrst. Und jede Nacht, wenn du dir besonders erfrischenden Schlaf wünschst und anregende Träume, kannst du dich auf diesem alten Segelboot erneut einschiffen und zur Ruhe kommen. Du kennst dieses Schiff, und du weißt, was es dir schenken kann... Bewahre alles, was du nicht vergessen willst, in deinem Gedächtnis auf. Reck und streck dich ein wenig und atme einmal tief aus. Öffne in deinem eigenen Rhythmus die Augen und sei wieder hier, erfrischt und wach.

29 Heilende Träume

Hier machen wir die Teilnehmer mit einer Einschlafphantasie vertraut, die sie später auch ohne Anleitung wiederholen können. Wir wecken dabei drei Erwartungen, die den Optimismus der Teilnehmer bestärken:

1. Jeder von uns hat eine einzigartige persönliche Lebensenergie in sich.
2. Jeder von uns hat eine weise Stimme in sich, die uns hilft, uns selbst zu lieben.
3. Jeder von uns kann um heilende Träume bitten, die unser Selbstwertgefühl vertiefen.

Anleitung

Ich möchte dich mit einem Einschlafritual vertraut machen, mit Bildern und Gedanken, die dir jeden Abend helfen können, gelassen und hoffnungsvoll einzuschlafen. Damit du am nächsten Morgen erfrischt aufwachen kannst, ist es wichtig, dass du deinen Tag in einer ruhigen und entspannten Atmosphäre beschließt. Ich werde dir in der folgenden Phantasiereise zeigen, wie du das machen kannst.

Mach es dir bequem... Rück etwas hin und her, damit du noch bequemer sitzt... Vielleicht magst du deine Augen schließen, jetzt oder etwas später. Diese Zeit gehört dir... Du musst dich um nichts anderes kümmern, du hast nichts anderes zu tun... Genieße die Ruhe... Wenn du auf deinen Atem achtest, wirst du bemerken, dass die Luft ein wenig kühler ist, wenn du einatmest... und wenn du ausatmest... ist sie ein wenig wärmer und feuchter... ein Atemzug zur Zeit... einfach und leicht... Du kannst deine Atemzüge zählen: eins... zwei... drei... vier... fünf... und wieder zurück: fünf... vier... drei... zwei... eins... ganz einfach und leicht... ein Atemzug zur Zeit... sanft und ruhig... Lass dich von diesem Rhythmus entspannen...

Stell dir vor, dass du einen geräumigen Flur vor dir siehst... Wenn du in diesen Flur blickst, kannst du am Ende eine Tür entdecken. Diese Tür führt in einen Raum, den du selbst gestalten kannst und in dem du dich sicher und behaglich fühlen kannst...

Und wenn du näher an diese Tür herankommst, kannst du sie deutlicher sehen. Diese Tür wird dich von allen negativen Botschaften abschirmen, von Worten und Erlebnissen, die noch aus deiner Kindheit stammen und die dazu beigetragen haben, dass du an dir selbst zweifelst. In dem Raum hinter der Tür ist kein Platz für solche negativen Botschaften...

Betrachte die Tür bitte ganz aufmerksam – auch die Türklinke – und wisse, dass du über diesen Raum ganz allein entscheidest, so dass du dich hier ganz sicher und geborgen fühlen kannst...

Positive Botschaften und Erlebnisse aus deiner Kinderzeit dürfen hinein, aber alle negativen Botschaften müssen draußen bleiben...

Öffne jetzt die Tür und dann schließe sie gut hinter dir... Schau dich in dem Raum um, wo du dich so sicher fühlen kannst... Hierher kannst du jederzeit kommen, indem du einfach die Augen schließt... Schau dich um und genieße, was du hier sehen und entdecken kannst... (1 Minute)

Such dir nun einen Platz in diesem beschützenden Raum, wo du dich wohl fühlst und setze oder lege dich dort hin...

Bitte höre aufmerksam zu, woran ich dich jetzt erinnern werde: In dir gibt es eine Lebenskraft, die nur dir gehört. Es ist deine Lebenskraft, und niemand sonst hat ein Anrecht darauf; diese Lebenskraft hat dich von Anfang an begleitet. Deine Lebenskraft hat nur einen einzigen Zweck: Sie hilft dir, dass du alles entfaltest, was in dir steckt – körperlich, geistig und seelisch.

Unsere Lebenskraft beschützt uns, und sie kann unsere Verletzungen heilen. Und weil sie heilen und schützen kann, darum ist die Lebenskraft voller Liebe...

Spüre nun deine Lebenskraft deutlich, indem du ein Licht über deinem Kopf bemerkst, ein Licht, von dem warme und heilende Energie ausgeht, die dich umgibt wie ein weites und weiches Gewand, in dem du dich bewegen kannst und dich vollständig sicher fühlst...

Spüre, wie diese Lebensenergie in jede Zelle deines Körpers eindringt, so dass du ganz davon durchdrungen bist, von innen nach außen... Diese Lebenskraft gehört dir. Sie drückt sich in deinem Temperament aus, in deinem Charakter, in deinen Begabungen; sie begleitet dich überall hin: von Anfang an und über den Tod hinaus; sie schützt dich, sie heilt dich und sie liebt dich. In dieser Lebenskraft können keine negativen Botschaften existieren. Dein Körper ist mit deiner Lebenskraft vertraut, auch dein Herz und dein Geist.

Manchmal drückt sich deine Lebenskraft aus in einer leisen inneren Stimme, die viele von uns überhören... Worte der Weisheit, die wir nicht immer beachten, aber die dazu bestimmt sind, uns zu beschützen.

Diese leise innere Stimme ist ein wichtiger Teil von uns, und sie ist ein Dolmetscher unserer Lebenskraft... Diese Lebenskraft, diese innere Stimme ist unsere wichtigste Ressource... ein Teil von uns, der uns heilen kann, Körper, Seele und Geist. Dieser Teil kann auch jenen anderen Teilen von uns helfen, die nicht glücklich sind, die sich nicht wohl fühlen... Und diese beschützende Kraft kann all die Teile in uns aufsuchen, die nicht glücklich sind. Sie kann ihnen zeigen, wie sie glücklicher werden können... wie sie sich wertvoller fühlen können und vor allem, wie sie sich geliebt fühlen können, von innen, nicht von der Welt draußen...

Und dieser Prozess kann jetzt beginnen, indem du darüber nachdenkst... über diese beschützende Kraft in dir. Gestatte dir, zu sehen und zu erleben, wie diese Kraft in deinem Alltag wirkt. Spüre diese heilsame innere Kraft in dir, wie sie all jenen Teilen hilft, die nicht glücklich sind. Und wenn du dich auf diese heilsame Kraft konzentrierst, dann wird sie noch stärker werden in dir und dir noch mehr helfen können...

Und wenn du heute Nacht einschläfst, dann kannst du um einen heilenden Traum bitten... Um einen Traum, der Körper, Seele und Geist heilt... Und jene heilende Kraft in dir wird wissen, was du brauchst; und jener heilende Traum wird Auswirkungen haben, nicht nur auf deinen Schlaf, sondern auch auf den folgenden Tag. Und während deine Heilung voranschreitet, wirst du dich immer besser fühlen, stärker, zufriedener, selbstbewusster und glücklicher... Und wenn du dich glücklicher fühlst, weil du mit dir selbst zufrieden bist, wird auch die Welt positiver auf dich reagieren.

Und nun werde ich ein paar Minuten schweigen, damit du dir vorstellen kannst, wie du dich fühlst, wie du dich bewegst, wie dein Tag ist, wenn du einen solchen heilsamen Traum hattest, dem es gelungen ist, wie durch Zauberei dein größtes Problem verschwinden zu lassen... (2 Minuten)

Komm nun mit deiner Aufmerksamkeit hierher zurück. Merke dir, wie du in diesen sicheren Raum gelangen kannst, bevor du abends einschläfst. Bewahre auch alles andere in deinem Gedächtnis auf, was du nicht vergessen möchtest... Streck dich ein wenig und atme einmal tief aus. Öffne die Augen und sei wieder hier, erfrischt und wach.

Phantasiereisen und Meditationen

iskopress

Klaus W. Vopel

Lust am Leben (CD)

Phantasiereisen für Optimisten

Spielzeit: 70 Minuten

ISBN 3-89403-022-4

Klaus W. Vopel

Das Leben lieben

Phantasiereisen, Visualisierungen und Trancen

160 Seiten, Paperback

ISBN 3-89403-074-7

Klaus W. Vopel

Gruppenmeditationen

190 Seiten, Paperback

ISBN 3-89403-078-X

Klaus W. Vopel

Mut zum Sterben, Mut zum Leben

Phantasiereisen und Übungen

80 Seiten, Paperback

ISBN 3-89403-334-7